#46PLUSKOCHT

VOLL LECKER

est. 2003

#46PLUSKOCHT

VOLL LECKER

est. 2003

46PLUS Down-Syndrom Stuttgart e.V.

FOTOGRAFIERT VON
CONNY WENK

Die Deutsche Bibliothek verzeichnet diese Publikation
in der Deutschen Nationalbibliografie; detaillierte bibliografische
Daten sind im Internet über www.d-nb.de abrufbar.

 © 2018 **46PLUS DOWN-SYNDROM STUTTGART e.V.**
2. Auflage 2018
ISBN 978-3-86256-093-6, Bestell-Nr. 590.093

PETRA HAUSER // Idee, Konzept, Projektleitung, Umsetzung, Food, Food-Styling
CONNY WENK // Fotografie, Layout, Gestaltung, Food-Styling
SIMONE KOLLBERG // Umsetzung, Food-Styling
NATJA STOCKHAUSE // Umsetzung, Lektorat
MAREN KREBS // Umsetzung, Korrektorat

OLAF JOHANNSON // Satz
ALEXANDER HEINEMANN // Illustrationen

Mit Unterstützung von: **DAVID NEUFELD** // www.neufeld-verlag.de

Fotos vom Making-Of: Petra Hauser, Simone Kollberg, Martin Lühning, Antje Röske,
                      Sonja Schwarz, Stephanie Sproll, Natja Stockhause,
                      Simon Tress, Johan Vandamme, Conny Wenk

Herstellung und Verlag: Neufeld Verlag, Sauerbruchstraße 16, 27478 Cuxhaven
Nachdruck und Vervielfältigung, auch auszugsweise, nur mit
Genehmigung des Herausgebers 46PLUS Down-Syndrom Stuttgart e.V.

www.46plus.de
info@46plus.de

Für Euch.

Weil uns nichts Besseres

passieren konnte.

INHALTSVERZEICHNIS

WILLKOMMEN

ODER BESSER GESAGT: GRUSS AUS DER KÜCHE

Wir hoffen, Sie mit diesem etwas anderen Kochbuch gleich in zweierlei Hinsicht inspirieren und verzaubern zu können. Da sind zum einen natürlich die Rezepte und Tipps, die von 19 Meistern ihres Fachs und absoluten Spitzenköchen beigesteuert wurden. Und damit nicht genug. Die Profis gewähren auch einen Blick hinter die Kulissen und berichten, was sie bewegt und bei ihrer Arbeit inspiriert.

Aber noch viel wichtiger ist es uns, den Spaß und die Freude am gemeinsamen Kochen (und Genießen) zu zeigen. Dabei könnten die Unterschiede größer nicht sein. Auf der einen Seite die Profis, mit unzähligen Jahren Erfahrung ausgestattet. Auf der anderen Seite unsere kleinen und großen „Sous Chefs", vielfach noch komplette Novizen am Herd und mit ihrem ganz eigenen Tempo und Takt.

Offen gesagt hatten wir durchaus ein wenig Bammel, ob so ein Rezept überhaupt gelingen kann. Zum Glück haben unsere Erfahrungen bei der Produktion dieses Buches die alte Weisheit, dass viele (unterschiedliche) Köche den Brei verderben würden, komplett widerlegt. Das Gegenteil ist richtig.

Unsere bunt zusammengewürfelten Kochteams stehen vielmehr für jede Menge Spaß an der Freude. Selbst die Profis haben oftmals Raum und Zeit vergessen und aus einer eng eingetakteten Stunde wurde eine deutlich längere Koch-Session. Von Hektik und Zeitdruck war plötzlich kaum noch etwas zu merken.

Den Spaß beim Kochen hat wieder einmal Conny Wenk mit ihrer Kamera eingefangen. Und sich dabei auch der Herausforderung gestellt, die kulinarischen Highlights ins rechte Licht zu rücken. Wir sind uns sicher, dass die ansteckende Freude unserer Kochteams Ihnen das ein oder andere Lächeln ins Gesicht zaubern wird.

Zum Schluss noch ein besonderes Rezept, das aber ohnehin viele bereits kennen dürften. Wenn Sie Menschen mit Down-Syndrom begegnen, dann machen Sie es wie unsere Köche: Lassen Sie einfach die Vorurteile weg und nehmen Sie nur die „Zutaten", die Sie sonst auch verwenden. Vielleicht noch ergänzt um eine Prise Neugierde, ein paar extra Spritzer Geduld und ein Quäntchen Verständnis. Dann schmeckt es allen garantiert voll lecker.

Übrigens: Lassen Sie uns gern an Ihrer Interpretation der Rezepte teilhaben mit **#46pluskocht**. In diesem Sinne wünschen wir viel Spaß beim Schmökern und (Nach-)Kochen.

Ihr

#46pluskocht-Team

VINCENT KLINK
kocht

TIMO'S LIEBLINGSGERICHT
MAULTASCHEN
in der **WIELANDSHÖHE** *in Stuttgart*

#01

SOUS CHEF TIMO

TIMO *ist 15 und mag Maultaschen über alles!*
Wenn Timo gerade nicht beim Essen ist, kickt er
leidenschaftlich gern mit seiner Schwester Nora
oder hört rockige Musik von AC/DC.
In Freizeitparks vergnügt er sich bei
rasanten Achterbahnfahrten.
Er liebt Leichtathletik und ist ein guter Werfer.
Als großer Fan vom VfB Stuttgart schaut er sich
mit Begeisterung so manches Spiel im Stadion an.

est. 2003

CARPACCIO VON KOHLRABI

UND GEBRATENER ZIEGENKÄSE

ZUTATEN *für 6 Personen,* **ZUBEREITUNGSZEIT** *ca. 35 Minuten*

CARPACCIO

2	**Kohlrabi, geschält und im Ganzen weichgekocht**
1/2 Bund	**Schnittlauch**
1	**Zitrone, Saft und Zeste**
2 EL	**Kürbiskernöl**
	Salz
	Pfeffer, frisch gemahlen

ZIEGENKÄSE

200 g	**fester Ziegenfrischkäse**
1 EL	**Mehl**
1	**Ei**
5 EL	**trockene Weißbrotbrösel**
	etwas Olivenöl

1 Kohlrabi in Salzwasser weichkochen und auskühlen lassen. In Scheiben schneiden und fächerartig auf dem Teller anordnen. Mit Pfeffer und Salz würzen. Zitronensaft mit der geriebenen Schale einer halben Zitrone vermengen und auf dem Carpaccio verteilen.

2 Den Ziegenkäse zu einer Rolle mit 3 cm Durchmesser formen, dann in 3 cm starke Scheiben schneiden. Die Scheiben wie ein Schnitzel vorsichtig in Mehl wenden, durchs verquirlte Ei ziehen und mit den Brotbröseln panieren. In einer Pfanne mit Olivenöl die Käsescheiben von beiden Seiten goldbraun braten.

3 Den gebratenen Ziegenkäse in der Mitte anrichten und alles mit Kürbiskernöl beträufeln.

MAULTASCHEN

ZUTATEN *für 4 Personen,* ZUBEREITUNGSZEIT *ca. 60 Minuten*

**250 g Hartweizendunst (Semola,
grobes Hartweizenmehl)**
3 Eier (oder 1 Ei und 3 Eigelb)
1/2 EL kaltgepresstes Olivenöl
Prise Salz

FÜLLUNG

200 g Blattspinat
100 g Hackfleisch
1 Brötchen
1 Ei
3 EL Majoran
2 Zwiebeln in dünnen Scheiben
**3 Bund Blattpetersilie,
fein gehackt**
1/2 Stange Lauch
Salz
Pfeffer, frisch gemahlen
Muskat

TIPP *Nicht zu mageres
Schweinefleisch
einkaufen –
am besten Hals
oder Bauch.*

1 Mehl auf ein Nudelbrett häufen und in der Mitte ein Loch freischieben. Die Eier einschlagen, das Olivenöl dazugeben und alles zu einem glatten Teig kneten.

2 Der Teig sollte fest sein und darf ruhig an weiche Knetmasse erinnern. So ist es von Vorteil, zuerst etwas weniger Mehl zu nehmen und den Teig weich anzukneten, um anschließend so viel Mehl hinzuzugeben, bis die gewünschte Festigkeit erreicht ist.

3 Den Spinat waschen und in einer Pfanne mit etwas Butter zusammenfallen lassen. Das Brötchen in Scheiben schneiden und in etwas warmer Milch einweichen.

4 Zwiebeln, Petersilie, Spinat und fein geschnittenen Lauch in Butter gut anrösten und mit dem Spinat auf ein Brett geben und sehr fein hacken. Auskühlen lassen und alles in eine Schüssel geben. Das Hackfleisch, das ausgedrückte Brötchen und die restlichen Zutaten dazugeben.

5 Mit Pfeffer, Salz, Majoran und Muskat durchmengen und würzen. Alles muss gut durchgeknetet sein, damit die Farce eine gute Bindung bekommt.

6 Nun den ausgerollten Nudelteig in einer langen Bahn auf einem bemehlten Brett ausbreiten und in der oberen Hälfte etwa fingerdick die Farce platzieren. Den Rand mit etwas Ei oder Wasser bepinseln. Den unteren Teil des Nudelteigs umklappen, so dass die Füllung bedeckt ist, und die Ränder gut andrücken. Nun die lange Nudelrolle mit dem Stiel eines Kochlöffels in etwa 5 cm breite Taschen unterteilen und anschließend mit einem Teigrädchen auseinander schneiden. Die Maultasche nun mit beiden Händen flach drücken und ins Wasser entlassen.

7 In leicht kochendem Salzwasser ca. 10 Minuten ziehen lassen.

VINCENT KLINK

IM INTERVIEW

Er ist Küchenmeister, Autor und Herausgeber in einer Person. Als Musiker ist er ein absoluter Jazz-Liebhaber. Im Alter von 25 Jahren hat er sich selbstständig gemacht und 1978 bereits seinen ersten Michelin-Stern erhalten. Seit 1991 ist er „Häuptling am Herd" in der Stuttgarter „Wielandshöhe". Der Traditionsbetrieb steht für klassisch moderne Küche mit schwäbischen und mediterranen Einflüssen. Hier geht es Vincent Klink ums Echte und Gute und nicht um Effekte – also keine Tellertätowierung, wie Pünktchen oder Striche auf dem Teller.

— *wielandshoehe.de* —

HABEN SIE EIN LIEBLINGSKOCHBUCH?

Ja, das ist ein französisches, es hat ungefähr 1300 Seiten. Da ist aber kein Foto drin! Ein reines Berufsbuch. Ich habe schon lange nicht mehr reingeschaut, weil jetzt bin ich 50 Jahre Koch und dann hat man das einfach in sich. Es hat lange gedauert, aber jetzt kann ich es auswendig.

WAS IST IHR ABSOLUTES LIEBLINGSGERICHT?

Ha, also die Maultaschen wären mal eines, aber ich habe mindestens 500. Sehr gute Linsen mit Spätzle – es muss nicht einmal ein Würstle dabei sein. Dann ein gemischter Braten – aber nicht mit Päckchensoße, auch eine Rarität vor dem Herrn. Gestern habe ich mir einfach Nudeln mit Olivenöl und nur grobem Pfeffer gemacht – herrlich. Also eher die einfachen Dinge, die einen guten Geschmack haben.

GIBT ES SONST NOCH EIN GERICHT, BEI DEM SIE AUF GAR KEINEN FALL WIDERSTEHEN KÖNNEN?

Ich bin komplett suchtfrei, bis auf Essen. Ich kann Wein trinken oder auch nicht, das ist ganz egal, aber ein gutes Essen ist ganz wichtig.

WER KOCHT BEI IHNEN ZUHAUSE?

Ich nicht! Ich helfe ein bisschen mit und schäle mal eine Zwiebel oder so … Aber meine Frau beherrscht zwei Gerichte, und die gibt es halt immer sonntags. Spaghetti- oder Reispfanne. Ich freue mich dann so, dass ich nicht selbst kochen muss, und habe mich noch nie beklagt, dass die Spaghetti zu weich sind (obwohl ich das gar nicht leiden kann). Wenn ich bekocht werde, halte ich mein Maul und freue mich.

WAS KOMMT AUF GAR KEINEN FALL IN IHREN TOPF?

Alles, was mit Natur nichts zu tun hat. Das Einzige, was ich manchmal gerne im Kartoffelsalat hätte, wäre etwas Maggi – aber das ist mir ideologisch verboten. Aber wenn ich es irgendwo in einer Wirtschaft kriege, freut es mich.

GIBT ES ETWAS, DAS SIE AUCH AUS DER DOSE ESSEN WÜRDEN?

Dicke Bohnen. Die sind aus der Dose mindestens so gut wie selbstgemacht. Das ist aber auch das Einzige, das empfehle ich sogar.

WAS HALTEN SIE FÜR EINE KULINARISCHE TODSÜNDE?

Wenn man Dinge, die nicht zusammenpassen, zusammenbringen will, und das dann „kreativ" nennt. Das passiert leider sehr, sehr häufig.

FÜR WEN WÜRDEN SIE UNHEIMLICH GERNE EINMAL KOCHEN?

Da das mein Beruf ist, für zahlende Gäste.

WAS IST IHR LIEBSTES KÜCHENUTENSIL?

Natürlich mein Messer! Meine Messer und ich haben fast eine libidinöse Beziehung, die werden gehegt und gepflegt, und keiner darf sie anfassen.

WAS IST IHRE KULINARISCHE TRAUMDESTINATION?

Es gibt ein paar ganz einfache Wirtschaften hier im Raum Stuttgart, die ich sehr gerne aufsuche. Ich gehe nicht gerne in Sternerestaurants. Nicht, weil dort nicht toll gekocht wird, sondern weil ich nicht so lange zum Essen sitzen möchte – ich bin ein Hektiker und möchte in einer Stunde fertig sein. Und wenn ich einmal wirklich so richtig gut essen will, hocke ich mich in den Zug und fahre nach Paris. Drei Stunden – „dann isch dr´ Kittl g´flickt".

WIE SIEHT FÜR SIE EIN PERFEKTES KATERFRÜHSTÜCK AUS?

Weiß ich nicht. Ich habe seit mindesten 50 Jahren keinen Kater mehr gehabt. Und ich frühstücke auch nicht gerne. Mittagessen – Abendessen – fertig.

DESSERT ODER KÄSETELLER?

Also ... beides.

BITTE VERVOLLSTÄNDIGEN SIE DEN SATZ: „DIE MIKROWELLE IST ..."

... für einen Privathaushalt ein guter Helfer, die Geräte sind besser als ihr Ruf. Aber in unserer Berufsküche braucht man so etwas nicht.

HABEN SIE EINEN GANZ BESONDEREN TIPP FÜR NACHWUCHSKÖCHE?

Man sollte sich das vorher gut überlegen und dann durchhalten. Koch ist ein Handwerksberuf, bei dem man viel geben muss, bevor man die Früchte ernten kann – und das dauert. Leider denkt die heutige Jugend, dass alles schnell gehen muss. Die würden gerne da einsteigen, wo ich momentan stehe. Ich habe ganz simpel angefangen, wurde dann etwas verrückter, um dann wieder alles wegzulassen, was überflüssig ist. Und nach 40 Jahren Selbstständigkeit kann man dann zusammenzählen.

IHR ÜBERLEBENSREZEPT IM DSCHUNGEL WÄRE?

Also ich habe die Sendung noch nie gesehen. Ich wundere mich aber, was das für einen Stellenwert einnimmt. Irgendwie ist überall Dschungel. Ich glaube, wenn ich dort teilnehmen müsste, wäre ich am Ende.

PRALINENPARFAIT

*ZUTATEN für ca. 10 - 12 Portionen, **ZUBEREITUNGSZEIT** ca. 30 Minuten (plus ca. 8 Stunden Gefrierzeit)* ⊗ ***GLUTENFREI***

6 **Eigelb**
250 g **Zucker**
1/4 l **Milch**
1 **Vanilleschote**
350 g **geschlagene Sahne**

200 g **Bitterschokolade, gehackt**
100 g **Orangeat, gehackt**
100 g **Zitronat, gehackt**
100 g **Orangenmarmelade**
50 g **Haselnüsse, gehackt**
50 g **gebrannte Mandeln**
200 g **Meringue**
4 cl **Grand Marnier**
etwas Öl

1 50 g Zucker in einem Topf schmelzen, bis er braun wird und beginnt zu karamellisieren. Dann die gehackten Haselnüsse dazugeben. Bevor alles zu dunkel wird, die flüssige Zucker-Haselnuss-Mischung auf eine mit Öl abgeriebene Marmorplatte oder Edelstahlplatte gießen. Die Masse erkalten und festwerden lassen. Anschließend mit einem Nudelholz so lange darüber rollen, bis grobe Krokant-Stückchen entstehen.

2 Die Sahne steifschlagen und kaltstellen. Die Vanilleschote der Länge nach teilen und mit einem Messer das Mark herausstreichen. Milch, Eigelb und den restlichen Zucker in einem Schlagkessel, im Wasserbad, fest-cremig schlagen. Vanillemark dazugeben und die Masse so lange weiterschlagen, bis sie einigermaßen abgekühlt ist. Nun die Schlagsahne unterziehen.

3 Die Masse nun mit allen Zutaten vermengen. Die Meringue ganz zum Schluss dazugeben. Diese Masse in eine Parfaitform (Ziegel-Eis-Form) oder in eine Auflaufform oder Schüssel gießen und sofort in den Froster geben.

4 In der Tiefkühltruhe mindestens 8 Stunden gefrieren lassen. Wenn man den Alkohol weglässt, muss das Dessert eine halbe Stunde lang im Kühlschrank leicht antauen, sonst ist es zu hart.

NILS EGTERMEYER

kocht

MARINA'S LIEBLINGSGERICHT

MEATBALLS

im *SMEG KÜCHENSTUDIO* in Hamburg

02

SOUS CHEFIN MARINA

*Eines steht fest: Eine Vegetarierin ist **MARINA** sicher nicht.
Dazu liebt die 18-Jährige ein gutes Steak oder ein knackiges Würstchen
viel zu sehr. Wobei sie generell nicht wählerisch ist, wenn es ums Essen geht.
Überflüssige Pfunde haben bei ihr trotzdem keine Chance,
denn Marina ist begeisterte Jazztänzerin und Schwimmerin.
Auch im Sommer ist sie sehr aktiv und verbringt die Wochenenden
gern zusammen mit dem Papa in der Natur im Schwarzwald.
Die gleiche Energie zeichnet Marina auch im Job aus.
Ihr Ausbilder spricht von ihr liebevoll als „Maschine",
denn scheinbar hat sie das Wort Ausdauer erfunden und lässt
sich auch von der Pausenklingel kaum von der Arbeit abhalten.*

est. 2003

KÜRBISSUPPE

MIT PFIFFERLINGEN, RICOTTA & SALBEI

ZUTATEN für 4 Personen, ZUBEREITUNGSZEIT ca. 90 Minuten, ⊗ *GLUTENFREI*

3	**Hokkaidokürbisse**
1	**fein gewürfelte, große Zwiebel**
100 g	**Selleriewürfel**
1	**Knoblauchzehe**
800 g	**Gemüsebrühe**
100 g	**Weißwein**
1 kg	**grobes Meersalz**
6 Zweige	**Thymian**
4 EL	**brauner Zucker**
150 g	**Butter**
150 g	**Crème fraîche**
200 g	**küchenfertige kleine Pfifferlinge**
12	**Salbeiblätter**
4 EL	**Ricotta**
1	**Zitrone**
	Salz
	Pfeffer
	Muskatnuss
	Olivenöl

1 Das Meersalz auf ein großes Backblech legen. Die Deckel von den Kürbissen abschneiden und das Kerngehäuse herausnehmen.

2 Das Innere des Kürbisses mit Muskatnuss, Pfeffer, braunem Zucker und dem frischen Thymian würzen und die Butter dazugeben. Den Deckel wieder verschließen und im Backofen bei 175 °C 60 Minuten weichgaren.

3 Wenn der Kürbis weichgeschmort ist, die Flüssigkeit extra auffangen. Das Fleisch aus dem Kürbis kratzen und zur Seite stellen.

4 Olivenöl in einem Topf erhitzen und die Zwiebel, Selleriewürfel und den Knoblauch darin glasig dünsten. Den Ansatz mit dem Weißwein ablöschen und das Kürbisfleisch dazugeben.

5 Mit der Gemüsebrühe aufgießen und so lange köcheln, bis alles weich ist. Nun die Crème fraîche dazugeben und im Mixer fein pürieren. Die Suppe mit Salz, Pfeffer und einem Spritzer Zitronensaft abschmecken und warm halten.

6 Die Pfifferlinge kurz in etwas Olivenöl anbraten und den Salbei in heißem Fett knusprig backen.

7 Die Suppe mit den Pfifferlingen, knusprigem Salbei und dem frischen Ricotta anrichten.

** Rezept stammt aus dem Buch **Einfach frisch kochen** von Nils Egtermeyer (Südwestverlag)*

MEATBALLS

1 kg **Hackfleisch**
      (halb Schwein, halb Rind)
500 ml **Rinderbrühe**
250 ml **Rotwein**
  2 EL **Tomatenmark**
  1 EL **brauner Zucker**
  1 EL **frischer Oregano**
  1 kg **Dosentomaten**
     3 **Zwiebeln**
     3 **Knoblauchzehen**
     2 **rote Paprika**
1 Bund **Basilikum**
     3 **Eier**
     1 EL **Senf**
  2 EL **geriebenes Weißbrot**
  2 EL **gehackte Petersilie**
  2 EL **gehackte Kapern**
100 ml **Olivenöl**
        Salz
        Pfeffer
  1 TL **Paprikapulver**

1 Das Fleisch gut mit Salz, Pfeffer, Paprikapulver, Oregano, Petersilie, gehackten Kapern, Eiern, Senf und dem geriebenen Weißbrot vermengen und direkt eine Bratprobe machen.

2 Falls etwas Würze fehlt, einfach noch mit etwas Salz und Pfeffer nachwürzen.

3 Nun aus der Hackmasse schöne gleichmäßige Kugeln formen, so in der Größe von einem Tischtennisball.

TIPP *Passt super zu Pasta oder schmeckt auch sehr gut mit etwas Baguette und frischem Salat.*

4 Die Fleischbälle in Olivenöl schön scharf anbraten, anschließend aus der Pfanne nehmen und beiseite stellen.

5 Zwiebeln und Knoblauch schälen und in feine Würfel schneiden, ebenso die rote Paprika. Die Würfel in der gleichen Pfanne anbraten und das Tomatenmark dazugeben. Wenn alles etwas Röstaroma angenommen hat, den braunen Zucker dazugeben und ebenfalls kurz anrösten lassen.

6 Nun den Ansatz mit dem Rotwein ablöschen und diesen komplett verkochen lassen.

7 Wenn der Rotwein verkocht ist, die Rinderbrühe angießen und ebenfalls fast ganz einreduzieren.

8 Nun die Dosentomaten dazugeben und alles auf kleiner Flamme zu einem schönen Sugo einkochen lassen. Die Sauce mit Salz und Pfeffer abschmecken und die angebratenen Fleischbälle dazugeben. Die Meatballs nun für 15 Minuten in dem Sugo ziehen lassen und mit frischem Basilikum vollenden.

** Rezept stammt aus dem Buch **Einfach frisch kochen** von Nils Egtermeyer (Südwestverlag)*

NILS EGTERMEYER

IM INTERVIEW

Nils Egtermeyer ist Fernsehkoch und Kochbuchautor. Er bietet mit seinem Portal „Zu Tisch mit" vielseitige Events für Gastronomen und Firmeninhaber an. Nach seiner Ausbildung kochte er an mehreren Stationen der deutschen Sternegastronomie, bevor es ihn nach Mallorca zog. Auch dort zeigte er sein Können in den besten Häusern und gab unter anderem Gourmetkochkurse. Zusammen mit seinen Kollegen eilt er als „Kochprofi" Gastronomen in Not zur Hilfe.

nils-egtermeyer.de

HAST DU EIN LIEBLINGSKOCHBUCH?

Das ist ein ganz altes Buch von einem englischen Sternekoch, es heißt „White Heat" von Marco Pierre White. Er war der jüngste 3-Sterne-Koch Großbritanniens und war ein Rockstar unter den Köchen.

WAS IST DEIN ABSOLUTES LIEBLINGSGERICHT?

Ich habe lange Zeit auf Mallorca gelebt und bin der mediterranen Küche sehr verbunden. Wenn ich das Glück habe, mal eine richtig gute Paella zu bekommen, was selten genug der Fall ist, dann ist das eines meiner Lieblingsgerichte.

WAS WAR DEIN ABSOLUTES LIEBLINGSGERICHT IN MARINAS ALTER?

Ganz normales, leckeres Essen, was meine Mutter gekocht hat – z. B. Pasta-Gerichte.

GIBT ES ETWAS, BEI DEM DU AUF GAR KEINEN FALL WIDERSTEHEN KANNST?

Ich mag gerne shoppen und bei schönen Dingen werde ich schon mal schwach (Klamotten, Schuhe, Wohnaccessoires). Bei meinem Hund werde ich auch mal schwach und bin dann nicht so konsequent, wie ich sein sollte. Schöne Hotels und Restaurants ziehen mich auch magisch in ihren Bann.

WER KOCHT BEI DIR ZUHAUSE?

Wir wechseln uns ab. Meine Freundin hat lange in einem thailändischen Restaurant gearbeitet. Wenn wir asiatisch kochen, überlasse ich das ihr – und ich koche dann mehr die anderen Sachen.

WAS KOMMT AUF GAR KEINEN FALL IN DEINEN TOPF?

Fertiggerichte und mindere Qualität

GIBT ES ETWAS, DAS DU AUCH AUS DER DOSE ESSEN WÜRDEST?

Passierte Tomaten für Tomatensauce und Oliven

WAS HÄLTST DU FÜR EINE KULINARISCHE TODSÜNDE?

Ravioli aus der Dose

FÜR WEN WÜRDEST DU UNHEIMLICH GERNE EINMAL KOCHEN?

Ich wüsste eher, für wen ich nicht kochen würde.

WAS IST DEIN LIEBSTES KÜCHENUTENSIL?

Ein gutes Messer

GIBT ES EINE UNVERZICHTBARE ZUTAT FÜR DICH?

Zeit

WAS IST DEINE KULINARISCHE TRAUMDESTINATION?

Japan – beste Küche der Welt

DEIN TIPP IN SACHEN „RESTE-ESSEN"?

Alles, was übrig bleibt, eignet sich zum Weiterverarbeiten. Meatballs kann man z. B. auch wunderbar kalt als Antipasti essen, oder man macht Reis oder Pasta dazu. Bestes Beispiel: Kartoffelgratin. Kann man mit Brühe, Milch und Sahne aufkochen, mixen und hat dann eine super Kartoffelsuppe.

WELCHE SPEISEKARTENFLOSKEL NERVT DICH?

Romane finde ich schwierig, also Schäumchen mit… an…, und wenn es zu philosophisch wird. Ich finde ganz gut, wenn es einfach nur aufgeteilt ist in die Bestandteile, die entscheidend sind. Was mich auch aufregt, ist, wenn Dinge auf der Karte ausgeschrieben sind und man spürt sie dann nicht auf dem Teller. Wenn sie einfach nur dastehen, weil sie sich gut anhören.

DESSERT ODER KÄSETELLER?

Lieber den Käseteller

BITTE VERVOLLSTÄNDIGE DEN SATZ: „DIE MIKROWELLE IST …"

… für mich irrelevant.

WIE SIEHT FÜR DICH EIN PERFEKTES KATERFRÜHSTÜCK AUS?

Säure! Ich mag es mediterran, vielleicht eine ganz eiskalte Gazpacho. Die Gazpacho versorgt dich ganz wunderbar, du hast Elektrolyte, du hast Salz, du hast Säure, du hast Rohkost – und manchmal ist einem nach so einem langen Abend nicht nach fester Nahrung und da ist eine eiskalte Gazpacho schon ganz gut.

HAST DU EINEN GANZ BESONDEREN TIPP FÜR NACHWUCHSKÖCHE?

Koch zu werden, ist eine tolle Idee. Du musst halt schauen, dass du von guten Leuten was lernst, und dann kannst du die ganze Welt erobern.

WOVON WIRST DU IM DSCHUNGEL SATT?

Von Mango – und vielleicht rennt ja irgendwo ein Wildschwein rum.

SCHOKOLADENCOULANT

ZUTATEN für ca. 4 - 6 Personen, ZUBEREITUNGSZEIT ca. 30 Minuten

250 g dunkle Kuvertüre
250 g Butter
  4 Eier
  6 Eigelb
110 g Zucker
 40 g Mehl

1 Kuvertüre und Butter schmelzen, Eigelb mit Zucker schaumig schlagen. Vollei und das Mehl dazugeben und gut vermengen.

2 Schokolade und Butter hinzufügen und in gebutterten Ofenförmchen bei 170 °C für 9 Minuten abschieben.

TIPP
*Der Coulant passt
sehr gut zu Vanilleeis
oder einem Beerensorbet.*

** Rezept stammt aus dem Buch **Einfach frisch kochen** von Nils Egtermeyer (Südwestverlag)*

03

LÉA LINSTER
kocht

BENJAMIN'S LIEBLINGSGERICHT
SCHNITZEL
im Restaurant *LÉA LINSTER* in Frisange, Luxemburg

SOUS CHEF BENJAMIN

BENJAMIN *trifft gern ins Schwarze, egal ob beim Fußball oder seiner neuesten Leidenschaft, dem Dart-Spiel. Nahezu jede freie Minute wird genutzt, um an der Wurftechnik zu feilen, was ihn im offiziellen Familien-Ranking schon auf den zweiten Platz geführt hat. Und wenn der 9-Jährige mal nicht selbst aktiv ist, wird mit Begeisterung in der Glotze Sport geguckt. Sein Aufstieg in die kulinarische Spitzenklasse hat den Drittklässler nachhaltig beeindruckt. Was aber auch nicht wirklich verwundert, wenn man plötzlich gemeinsam mit einer charmanten Sterneköchin eine noch nie dagewesene Schnitzel-Panade zaubern darf, während zuhause Mamas Thermomix in der Ecke schmollt.*

est. 2003

SPARGEL IN SCHINKEN

AN SAUCE MOUSSELINE

ZUTATEN *für 4 Personen,* **ZUBEREITUNGSZEIT** *ca. 45 Minuten* ⊗ **GLUTENFREI**

SPARGEL

20 Stangen weißer Spargel
Salz
1 Zuckerwürfel

20 Scheiben Parmaschinken
2 EL Butter
50 ml Balsamico
12 Blätter glatte Petersilie

SAUCE MOUSSELINE

1 Schalotte
1 EL Weißweinessig
5 EL Champagner oder Sekt
2 Eigelb
80 g Butter
Salz
1 TL Zitronensaft
1 EL Sahne

* Rezept stammt aus dem Buch **Kochen mit Liebe**
von Léa Linster (Diana Verlag)

1 Los geht es mit dem sorgfältigen Schälen. Ich nehme dicke Stangen und schneide sie auf 15 bis 18 cm ab, koche sie in Salzwasser mit einem Stück Zucker. Das dauert etwa acht Minuten, sie sollen Biss haben. Ich tauche sie in Eiswasser, so bleiben sie knackig und weißgelb. Auf einer Platte gut abtropfen lassen und die trockenen Stangen mit je einer Scheibe hauchdünnem Parmaschinken umwickeln.

2 Für die Sauce schneide ich meine Schalotte mit Liebe in ganz feine Würfelchen und lasse sie mit dem Essig in einem kleinen Topf köcheln, bis er ganz verkocht ist. Ich lösche mit einem Esslöffel Wasser ab und gebe zunächst einen guten Schluck Champagner hinein, dann das Eigelb. Die Eigelb-Champagner-Masse schlage ich mit dem Schneebesen, bis sie schön gebunden ist. Mein Tipp: Leichter geht's auf dem heißen Wasserbad. Inzwischen schmelze ich die Butter in einem kleinen Topf. Die Ei-Emulsion nehme ich vom Herd und gieße die flüssige Butter in einem dünnen Strahl dazu, dabei schlage ich die Masse mit dem Schneebesen weiter. Ich passiere die Sauce durch ein Haarsieb und schmecke sie mit Salz und etwas Zitronensaft ab.

3 Die umwickelten Spargelstangen brate ich rundum in etwas Butter leicht an. Gleichzeitig lasse ich meinen feinen Balsamico-Essig auf 20 – 30 ml einkochen.

4 Die Sauce mousseline soll schaumig-flüssig sein. Ich erhitze sie noch einmal, sie darf aber keinesfalls kochen! Eventuell verdünne ich sie mit ein wenig Spargelwasser und gebe gern noch einen Esslöffel geschlagene Sahne hinein. Dann einen Spiegel von der Sauce auf die leicht gewärmten Teller tun. Der Spargel wird abgetupft und darauf verteilt. Auf Schinkenhöhe gebe ich je einen Teelöffel reduzierten Balsamico und dekoriere mit ein paar frittierten Blättern glatter Petersilie. Perfekt!

TIPP

*Am besten macht man sich
sein Paniermehl selbst:
Geröstetes Weißbrot ohne
Rinde im Mixer fein mahlen.*

BENJAMIN-SCHNITZEL

MIT LIEB GEDRÜCKTEN KARTOFFELN

ZUTATEN für 3 Personen, ZUBEREITUNGSZEIT ca. 40 Minuten

3	Kalbsschnitzel (à ca. 150 g)
2	Eier
ca. 150 g	Mehl
ca. 200 g	Paniermehl
2	Bio-Zitronen
	geklärte Butter oder
	Butterschmalz
	zum Anbraten
ca. 750 g	Kartoffeln
mind. 2 EL	Butter
	Salz
	Pfeffer

1 Geklärte Butter: Butter im Topf bei milder Hitze schmelzen. Den Schaum, der sich oben bildet, abnehmen. Die restliche flüssige Butter durch einen Kaffeefilter gießen und im Kühlschrank kaltstellen. Das hart gewordene Fett von der Molke abheben, dann mit Küchenpapier abtrocknen und im Kühlschrank aufbewahren. Geklärte Butter verträgt höhere Temperaturen beim Braten und spritzt nicht.

2 Die Kartoffeln schälen, würfeln und mit etwas Salz auf der Dunstrose mindestens 25 Minuten garen.

3 Die Eier in einem tiefen Teller mit „einem Schluck" Wasser mit der Gabel aufschlagen, salzen und pfeffern.

4 Die Schnitzel flachklopfen, pfeffern und salzen. Zuerst werden diese im Mehl, dann im vorbereiteten Ei und zum Schluss im Paniermehl gewendet. Die Panade gut andrücken.

5 Jetzt wird die geklärte Butter erhitzt und die Schnitzel von beiden Seiten goldbraun gebraten.

6 Die gegarten Kartoffeln abgießen und im heißen Topf mit dem Kartoffelstampfer „liebevoll drücken", die Butter zugeben und einarbeiten. Nach Belieben mit Salz und Pfeffer würzen.

7 Die Zitronen heiß abspülen, trockenreiben und achteln.

8 Gedrückte Kartoffeln und Schnitzel auf einem Teller anrichten, etwas Zitronensaft auf die Schnitzel träufeln und die restlichen Zitronenschnitze dekorativ auf dem Teller platzieren.

LÉA LINSTER

IM INTERVIEW

Léa Linster ist eine Köchin und Gastronomin aus Luxemburg. Mit ihrem Restaurant „Léa Linster" in Frisingen erkocht sie seit 30 Jahren einen Stern. Léa Linster hospitierte unter anderem bei Paul Bocuse und gewann als bisher einzige Frau der Welt den Bocuse d'Or. Die heutige Fernsehköchin und Autorin von Kochbüchern wirkt in diversen Kochsendungen mit und schreibt regelmäßig für die Zeitschrift „Brigitte" eine Kolumne.

— *lealinster.lu* —

HABEN SIE EIN LIEBLINGSKOCHBUCH?

Ja. Ich habe 14 Lieblings-Kochbücher – alle meine eigenen.

WAS IST IHR ABSOLUTES LIEBLINGSGERICHT?

Ein Schnitzel von Benjamin

WAS WAR IHR ABSOLUTES LIEBLINGS-GERICHT IN BENJAMINS ALTER?

Ich habe sehr gerne Mehlklöße gegessen, aber mein Lieblingsgericht war Ossobuco mit Karotten und Bandnudeln.

WER KOCHT BEI IHNEN ZUHAUSE?

Ich koche! Und ich habe eine sehr nette Dame, die dann hinterher für mich aufräumt. Sie kann nicht so gut kochen und freut sich, wenn sie etwas zu tun hat.

WAS KOMMT AUF GAR KEINEN FALL IN IHREN TOPF?

So chemische Sachen mag ich gar nicht. Und Garnelen, die sind alle so kunstvoll hergestellt. Und ein totales No-Go ist gefrorenes Gemüse. Und ich hasse Trüffel-Öl.

GIBT ES ETWAS, DAS SIE AUCH AUS DER DOSE ESSEN WÜRDEN?

Sardinen. Ich liebe Sardinen aus der Dose.

WAS HALTEN SIE FÜR EINE KULINARISCHE TODSÜNDE?
Jemanden bei einem guten Essen zu stören.

FÜR WEN WÜRDEN SIE UNHEIMLICH GERNE EINMAL KOCHEN?
Für Benjamin!

GIBT ES EINE UNVERZICHTBARE ZUTAT FÜR SIE?
Butter

WAS IST IHR LIEBSTES KÜCHENUTENSIL?
Ein scharfes Messer

WAS IST IHRE KULINARISCHE TRAUMDESTINATION?
Spanien, da sind viele gute Köche, die Fisch aus der Gegend kochen, das liebe ich.

IHR TIPP IN SACHEN „RESTE-ESSEN"?
Wir machen einen Hasenpfeffer (Ragout aus Hasenklein), der wird jedes Mal noch besser, wenn man ihn wärmt.

WELCHE SPEISEKARTENFLOSKEL NERVT SIE?
„An" und „bei"

WIE SIEHT FÜR SIE EIN PERFEKTES KATER-FRÜHSTÜCK AUS?
Bloody Mary

DESSERT ODER KÄSETELLER?
Mittags Käse, abends eher was Süßes

HABEN SIE EINEN GANZ BESONDEREN TIPP FÜR NACHWUCHSKÖCHE?

Sich auf den eigenen Gaumen verlassen und sich selber treu bleiben.

WOVON WERDEN SIE IM DSCHUNGEL SATT?
Die schicken Restaurants machen uns das doch vor, dass man Käfer und Würmer essen kann. Das ist ja sehr schön. Falls wir mal in die Bredouille kommen, wissen wir jetzt, dass man das essen kann. Aber mir ist auch klar, dass es im Dschungel ja gar keine Fritteuse gibt.

BITTE VERVOLLSTÄNDIGEN SIE DEN SATZ: „DIE MIKROWELLE IST ..."
...weniger gut als die „Neue Deutsche Welle".

MOUSSE AU CHOCOLAT

ZUTATEN *für ca. 4 Personen,* **ZUBEREITUNGSZEIT** *ca. 20 Minuten (plus mindestens eine Stunde kaltstellen),* ⊗ **GLUTENFREI**

1 Zuerst die Schokolade schmelzen.

2 Aus 100 ml Wasser und dem Zucker koche ich inzwischen einen Zuckersirup.

3 Dann schlage ich das frische Eigelb so lange, bis es schön schaumig und hell ist und gebe nur etwa 50 ml vom heißen Sirup dazu.

4 Ich schlage immer weiter, bis die Masse cremig und hell ist.

5 Dann erst kommt die geschmolzene Schokolade hinein, und alles wird gut verrührt.

6 Zum Schluss hebe ich noch ganz behutsam die steif geschlagene Sahne darunter, und fertig ist meine klassische Mousse au Chocolat!

200 g	dunkle Schokolade (70% Kakaoanteil)
100 g	Zucker
100 ml	Wasser
2	Eigelb
300 g	Sahne

ALFONS SCHUHBECK

kocht

JULIANA'S LIEBLINGSGERICHT

KARTOFFELSALAT

*in **SCHUHBECKS KOCHSCHULE** am Münchner Platzl*

#04

SOUS CHEFIN JULIANA

*Die 16-jährige **JULIANA** ist total fußball-verrückt. Man kann sich ihre Begeisterung vorstellen, als feststand, dass sie mit dem Team(koch)chef des FC Bayern München, Alfons Schuhbeck, an den Herd darf. Den kannte Juliana natürlich schon von seinen Koch-Sessions mit Thomas Müller, ihrem erklärten Lieblingsspieler. Auf der Speisekarte stand „Hendl mit Kartoffelsalat" – eine absolute Lieblingskombination von Juliana, die selbst bayerische Wurzeln hat. Und es kostete schon eine Menge Überredungskunst, damit Instagram-Fan Juliana das leckere Rezept nicht schon vor der Buchveröffentlichung postete.*

est. 2003

TOMATEN-KAROTTEN-SUPPE

ZUTATEN für 4 Personen, *ZUBEREITUNGSZEIT* ca. 40 Minuten ⊗ *GLUTENFREI*

1	**Zwiebel (ca. 150 g)**
1	**Karotte (ca. 75 g)**
1/2 l	**Geflügelbrühe**
500 g	**stückige Tomaten (aus der Dose)**
1	**Knoblauchzehe, fein gerieben**
1 Msp.	**Ingwer, gerieben**
1 bis 2 EL	**mildes Olivenöl**
	mildes Chilisalz
1 Prise	**Zucker**
1 Msp.	**Zimt, fein gerieben**
1 EL	**Puderzucker**
	Basilikum zum Garnieren

1 Die Zwiebel schälen und in feine Würfel schneiden. Die Karotte putzen, schälen und in Scheiben schneiden. Den Puderzucker in einen Topf stäuben, bei milder Temperatur schmelzen lassen und die Zwiebelwürfel mit den Karottenscheiben darin einige Minuten sanft andünsten.

2 Die Brühe mit den Tomaten hinzufügen und alles knapp unter dem Siedepunkt 30 Minuten ziehen lassen, bis Zwiebel und Karotte weich sind. Knoblauchscheiben, Ingwer und Olivenöl hinzufügen und die Suppe mit dem Stabmixer pürieren. Die Suppe mit Chilisalz, Zucker und einem Hauch Zimt abschmecken.

3 Nach Belieben beim Anrichten mit Basilikum garnieren.

GEBRATENE HÄHNCHENBRUST

MIT KARTOFFELSALAT

*ZUTATEN für 4 Personen, **ZUBEREITUNGSZEIT** ca. 45 Minuten* ⊗ ***GLUTENFREI***

HÄHNCHEN

4	Hähnchenbrustfilets à 150 g
1/2 TL	Öl
4 EL	Olivenöl oder braune Butter
1 bis 2 TL	Bayerisches Brathähnchengewürz, ersatzweise Steakgewürz mildes Chilisalz

KARTOFFELSALAT

1 kg	Kartoffeln, festkochend
	Salz
1	kleine Zwiebel
400 ml	Geflügelbrühe
3 EL	Weinessig
1 EL	scharfer Senf
4 EL	warme, gebräunte Butter, wahlweise Öl mildes Chilisalz
1 Prise	Zucker
	Pfeffer aus der Mühle
2 EL	Schnittlauchröllchen

1 Die Hendlbrüste in 1 cm dicke Scheiben schneiden. Eine große Pfanne bei mittlerer Temperatur erhitzen und darin das Öl mit einem Pinsel verstreichen. Die Hendlbrustscheiben rundum ca. 2 Minuten sanft braten.

2 Die Pfanne vom Herd nehmen, das Olivenöl mit dem Hähnchengewürz hineingeben und mit Chilisalz würzen. Das Hendlfleisch darin wenden und in der Resthitze der Pfanne noch etwas nachziehen lassen.

3 Die Kartoffeln waschen und in Salzwasser weichkochen. Das Wasser abgießen, die Kartoffeln möglichst heiß schälen, in dünne Scheiben schneiden und in eine Schüssel geben.

4 Die Zwiebel schälen, in kleine Würfel schneiden und mit ca. 100 ml Wasser glasig dünsten, bis die Flüssigkeit verkocht ist, und anschließend zu den Kartoffeln geben. Die Brühe erwärmen, eine Handvoll Kartoffeln, Essig und Senf zugeben und mit dem Stabmixer aufmixen, nach und nach unter die Kartoffeln mischen.

5 Die gebräunte Butter hinzufügen und mit Chilisalz, Salz, Zucker und Pfeffer würzen. Zuletzt den Schnittlauch darunterziehen.

6 Den Kartoffelsalat auf warmen Tellern anrichten und die Hähnchenscheiben anlegen. Mit Kräuterblättern garnieren.

TIPP *Nach Belieben gehobelte Gurken und Radieschen unterziehen. Wahlweise Endivienstreifen, gebratene Pilze oder gedünsteten Spargel untermengen.*

ALFONS SCHUHBECK

IM INTERVIEW

Alfons Schuhbeck ist Koch, Kochbuch-Autor, Gastwirt, Fernsehkoch und Unternehmer. Nach seiner Ausbildung zum Koch besuchte er die Hotelfachschule und arbeitete danach in Salzburg, Genf, Paris, London und München. 1980 zeigte Schuhbeck seine Kochkunst im „Kurhausstüberl" in Waging, das bald zum Geheimtipp für die Prominenz und zu einem Spitzenrestaurant avancierte. Seinen Ruf des „Prominentenkochs", bei dem Politiker, Fernsehstars und Führungskräfte ein und aus gehen, hat er sich bis heute bewahrt. 2002 gründete er das Unternehmen „Schuhbecks am Platzl GmbH" in München. Dazu gehören heute die „Südtiroler Stuben" (Michelin-Stern seit 2003), das „Fine Dining" (Michelin-Stern), das Restaurant „Orlando", der Gewürz-laden mit mehreren Filialen, der Tee- und Schokoladen, der Müsliladen, der Eissalon, ein Partyservice und die Kochschule in den „Südtiroler Stuben". Außerdem ist Schuhbeck seit vielen Jahren Koch der Fußballmannschaft des FC Bayern München.

——————————— schuhbeck.de ———————————

HABEN SIE EIN LIEBLINGSKOCHBUCH?

Im Laufe der Jahre entwickelt man sich ja selbst. Aber ich schaue immer gerne in diesen alten Kochbüchern nach, die 200 Jahre alt sind. Damals haben die Leute noch wenig gehabt, und das Wenige haben sie mit Leidenschaft zubereitet. Da gibt es ein paar Artikel, die bekommt man heute gar nicht mehr, weil sie unter Naturschutz stehen. Aber als Anregung: Man musste aus wenigen Dingen viel machen, und das sehr abwechslungsreich. Das findet leider heute nicht mehr so statt.

WAS IST IHR ABSOLUTES LIEBLINGSGERICHT?

Das ist schwierig. Also Fleischpflanzerl mit Kartoffel-salat mag, glaube ich, jeder Bayer. Aber ich gehe auch immer mit der Jahreszeit. Es gibt den Bärlauch, den Spar-gel, die Pilze, Gemüse – und so macht man sich die Dinge immer saisonal passend.

WAS WAR IHR ABSOLUTES LIEBLINGS-GERICHT IN JULIANAS ALTER?

Naja, meine Eltern haben ganz einfache Küche gekocht, da gab es meist etwas mit Kartoffeln, und manchmal Fleischpflanzerl. Das Höchste war, wenn es überhaupt ein Fleisch gab. Und Wiener-Würstl, die mag ich heute noch. Wir waren ja unbewusste Teilzeit-Vegetarier, obwohl wir es eigentlich gar nicht wollten.

WER KOCHT BEI IHNEN ZUHAUSE?

Also ich sicher nicht. Ich koche den ganzen Tag herum, da gibt es andere auch, die einen guten Salat und ein gutes Fleisch oder einen guten Fisch machen können, da muss ich daheim nicht auch noch „rumschaffen".

WAS KOMMT AUF GAR KEINEN FALL IN IHREN TOPF?

Zu viel Fett! Aber es ist ja so, dass du als Koch sehr breit aufgestellt sein musst. Gerichte, die mir jetzt nicht so lie-gen, die man vielleicht auch nicht täglich zubereitet, die sollte man trotzdem mit Würde und Anstand zubereiten und nicht sagen: „Nein, das mache ich jetzt nicht." Erst einmal probieren, und dann schauen wir mal, wie wir es hinbringen. Wir haben ja auch die Einflüsse der orienta-lischen und asiatischen Küche. Die Leute essen alles vom Tier. Man sollte erst einmal alles probieren, bevor man sagt: „Das mag ich nicht, pfui Teufel." Das geht gar nicht. Als Koch musst du sehr offen sein.

DESSERT ODER KÄSETELLER?

Also ich würde dann eher Käse essen, ich mag lieber etwas Herzhaftes.

BITTE VERVOLLSTÄNDIGEN SIE DEN SATZ: „DIE MIKROWELLE IST ..."

… für mich ideal zum Teller warm machen.

GIBT ES ETWAS, DAS SIE AUCH AUS DER DOSE ESSEN WÜRDEN?

Weiß nicht, wenn's brennt, vielleicht Bohnen aus der Dose, die schon vorgekocht sind. Ansonsten versucht man sich natürlich gesund und ausgewogen zu ernähren. Wir leben in einem Land, wo wir wirklich alle Möglichkeiten haben: Gemüse, Fisch, Fleisch, Eier. Man sollte gefühlvoll und schonend mit den Produkten umgehen, um wenig zu zerstören. Wenn Sie Gemüse schneiden und eine Stunde draußen liegen lassen, sind 50 Prozent der Vitamine oxidiert. Wenn Sie es anschließend im Wasser kochen, sind weitere 50 Prozent kaputt. Das Gemüse ist dann eigentlich wertlos. Wenn man es aber bei 80 °C dämpfen würde, wären nur 15–20 Prozent der Vitamine kaputt. Und dann wird noch der Fehler gemacht, dass die Leute das Gemüse im Fett anschwitzen, anstatt das nasse Gemüse in die Pfanne zu geben und zu würzen, von der Herdplatte ziehen und jetzt das Öl darüber geben. Dann kann der Körper dieses Fett in der Zelle aufnehmen. Wenn es zu heiß ist, geht es direkt in die Fettzelle. Die meisten Menschen kochen sich selbst krank. Der Schlüssel ist nicht das gute Produkt, sondern die gute Zubereitung. Der Respekt vor dem Produkt und die Leidenschaft, die man hat. Wenn man diszipliniert an die Sache herangeht, kann man aus ganz einfachen Produkten das Maximum herausholen.

FÜR WEN WÜRDEN SIE UNHEIMLICH GERNE EINMAL KOCHEN?

Ich habe im Laufe meiner Karriere für so viele Leute gekocht, dass ich eigentlich sagen kann: „Des, wos kimmt, des kimmt." Es ist mir egal, ob das der Fliesenleger oder der Maurer oder der Straßenkehrer ist – ich mache da gar keine Unterschiede. Für mich ist jeder Mensch gleich.

WAS IST IHR LIEBSTES KÜCHENUTENSIL?

Man braucht eine gute Pfanne, ein gutes Messer und ein gescheites Schneidbrett, sonst kann man als Handwerker – und wir sind künstlerische Handwerker – nicht gescheit arbeiten. Das sollte man sich schon wert sein.

GIBT ES EINE UNVERZICHTBARE ZUTAT FÜR SIE?

Da ich mich seit 30 Jahren mit Gewürzen beschäftige, seit 16 Jahren sehr professionell, muss ich jedem Gewürz den eigenen Respekt zollen. Denn wir haben ja in unserer Küche Kombinationen, die kennen wir hier gar nicht. Die sind aus Asien oder dem Orient, oder auch diese amerikanische Cajun-Mischung. Und das schmeckt, da muss man ganz respektvoll fragen: Was ist da drin? Und dabei kann man sich selbst immer weiterentwickeln. Aber dass Pfeffer und Salz da sein muss, das weiß ja jeder. Und wenn sich einer gar nicht auskennt, dann ist Curry etwas, womit man immer weiterkommt, weil 10-12 verschiedene Gewürze drin sind. Das tut der Gesundheit auch was Gutes. Es gibt eine Studie von 451.000 Menschen über acht Jahre: Wenn der Mensch einmal am Tag etwas mit Curry Gewürztes isst, lebt er um 14 Prozent länger, weil Gewürze den höchsten Gehalt an Antioxidantien haben, den es auf der Welt gibt. Und wenn du das jeden Tag machst, dann entzünden sich die Zellen nicht. Bei regelmäßigem Genuss von Curcuma, Ingwer und schwarzem Pfeffer tun sich gewisse Krankheiten schwer. Aber nicht einmal, sondern täglich.

WIE SIEHT FÜR SIE EIN PERFEKTES KATER-FRÜHSTÜCK AUS?

Meine Devise: Sauft nicht so viel, dann habt ihr keinen Kater. Haut euch nicht den Fusel rein und trinkt nicht durcheinander! Da man ja seinen Mineralstoffhaushalt wieder auffüllen soll, essen Leute oft einen Hering oder was Saures. Am besten trinkt man aber eine Brühe - Sellerie- oder Hühnerbrühe - oder Wasser zur Stabilisierung. Viel Flüssigkeit auf jeden Fall, damit die Leber gut entgiften kann. Aber warum schießt man sich so weg? Es gibt einen Punkt, wo man so ein bisserl gut drauf ist, das gefällt mir. Und dann muss ich halt mit Wasser nachfüllen und nicht weitersaufen. Die Leber muss dann Höchstleistung bringen, das arme Luder.

WAS IST IHRE KULINARISCHE TRAUMDESTINATION?

Ich habe meine Gewürzreise in Marokko begonnen, bin dann nach Tunesien, Ägypten, ins alte Rom, das alte Griechenland und bin dann nach Beirut, Jerusalem und nach Damaskus. Dann war ich in Istanbul, in Delhi und in Indien. Von dort aus bin ich nach Vietnam und Thailand und dann nach China gereist. Eine Traumdestination gibt es nicht.

HABEN SIE EINEN GANZ BESONDEREN TIPP FÜR NACHWUCHSKÖCHE?

Das ist so ein Problem mit dem Nachwuchs, da leidet die Gastronomie etwas darunter. Wir hatten früher Ideale und wollten etwas lernen, und haben weniger auf die Arbeitszeit geschaut. Wenn man nichts kann, kann man auch nichts verlangen. Heute kommen sehr viele, die verlangen sehr viel, können aber nichts. Das stört mich. Jetzt kann man natürlich sagen, da muss man den Nachwuchs halt pflegen. In Waging habe ich über 100 Lehrlinge ausgebildet, hier habe ich nur noch einen. Ich schaue immer, dass es ihm gut geht und dass er den Beruf auch weiter ausüben möchte. Es ist nicht immer einfach herauszufinden, was ein 15- oder 16-Jähriger letztendlich möchte und was er aushalten kann. Es sind nicht immer nur neun Stunden, weil ich ja auch nicht zum Gast sagen kann: „Schleich' dich, ich geh' jetzt heim." Es heißt aber auch nicht, dass es immer spät werden muss. Aber Leidenschaft und Disziplin gehören dazu. Es gibt wenige Menschen, die das Glück haben, ihr Hobby zum Beruf zu machen. Beim Hobby redet man übrigens nie über die Stunden, das tut man nur bei der Arbeit. Die jungen Leute sollten viel mehr schauen, wofür sie Talent haben oder was sie gerne machen. Und nicht: Weil die Eltern einen Betrieb haben, muss der Sohn einen bestimmten Beruf erlernen, obwohl ihm womöglich das Talent dazu fehlt. Wenn er Schlagzeuger werden will, dann soll er das doch machen. Es ist einfach eine ganz andere Zeit heute, nicht mehr wie vor 50 Jahren. Die Ausbildung hat sich geändert, das ist schade. Viele Köche wissen gar nicht mehr, wie ein Fisch aussieht, weil sie in der Lehre noch nie einen ganzen Fisch gesehen haben.

WOVON WERDEN SIE IM DSCHUNGEL SATT?

Wenn dich der Hunger richtig plagt, dann ist dir das egal, dann wirst du alles essen.

KOKOS-PANNACOTTA

MIT ERDBEEREN

*ZUTATEN für 4 Personen, **ZUBEREITUNGSZEIT** ca. 20 Minuten (plus 2 Stunden kühlstellen)*
⊗ *GLUTENFREI*

KOKOS-PANNACOTTA

3 Blatt	Gelatine
300 ml	Kokosmilch
45 g	Zucker
150 g	Sahne
Mark von 1	Vanilleschote

ERDBEEREN

300 g	Erdbeeren
1 gestrichener EL	Puderzucker
1 Spritzer	Zitronensaft
1 EL	gehackte Pistazien zum Garnieren

1 Die Gelatine in kaltem Wasser einweichen. Die Kokosmilch mit dem Vanillemark und dem Zucker in einem Topf aufkochen und vom Herd nehmen. Die Gelatine gut ausdrücken, in der heißen Kokosmilch auflösen und abkühlen lassen, bis die Flüssigkeit zu gelieren beginnt (gegebenenfalls 5 bis 10 Minuten in den Kühlschrank stellen). Die Sahne halb steif schlagen und unter die leicht gelierte Kokosmilch heben. Die Masse in die Förmchen füllen und im Kühlschrank mindestens 2 Stunden durchkühlen lassen.

2 Die Erdbeeren putzen, waschen, ggf. zerkleinern und abtropfen lassen. Mit Puderzucker und Zitronensaft marinieren.

3 Die Kokos-Pannacotta auf Dessertteller stürzen, die marinierten Erdbeeren dazulegen und mit Pistazien bestreuen.

FRANK BUCHHOLZ

kocht

YANNIK'S LIEBLINGSGERICHT

CURRYWURST

*im **BOOTSHAUS** in Mainz*

#05

SOUS CHEF YANNIK

YANNIK *ist 19 Jahre alt, liebt Kochbücher und Kochen und isst leidenschaftlich gerne. In der Freizeit grölt er laut CRO-Songs mit, zockt Playstation oder schaut sich auf YouTube die Lochis an. Weil er manchmal einfach zu cool ist, nennt ihn seine Schwester liebevoll ihren „Swagger". Er verpasst niemals sein Thaibox-Training, engagiert sich beim Roten Kreuz und trainiert regelmäßig Fußball und Leichtathletik mit 46PLUS.*

est. 2003

THUNFISCH-SASHIMI

MIT MANGO-STAUDENSELLERIE-CHUTNEY & WILDKRÄUTERSALAT

ZUTATEN für 4 Personen, *ZUBEREITUNGSZEIT* ca. 45 Minuten (plus über Nacht kaltstellen)

THUNFISCH-SASHIMI

50 ml	Sojasauce
1 Stange	Zitronengras
2	Kaffir-Limonenblätter
10 g	eingelegter Ingwer
240 g	Thunfisch
2 EL	Wasabipaste
1/2 Bund	Majoran

MANGO-STAUDENSELLERIE-CHUTNEY

1	Schalotte, gewürfelt
3 Stangen	Staudensellerie
1	reife Mango
1/4	Chilischote, klein geschnitten
4 EL	weißer Balsamicoessig
30 g	Zucker

1 Für das Thunfisch-Sashimi die Sojasauce mit dem leicht angeklopften Zitronengras, Kaffir-Limonenblättern und Ingwer aufkochen, ca. 30 Minuten ziehen lassen, abpassieren und über Nacht in den Kühlschrank stellen.

2 Den Thunfisch in 12 ca. 4 cm lange und 3 cm breite Stücke schneiden, in der Sojasauce marinieren und mit etwas Wasabi bestreichen.

3 Für das Chutney den Zucker karamellisieren, Schalottenwürfel zugeben, anschwitzen und mit dem Balsamico ablöschen. Staudensellerie und Mango in Würfel schneiden.

4 Zuerst den Staudensellerie zusammen mit Chili zugeben und bei leichter Hitze garen. Anschließend vom Herd nehmen und die Mangowürfel zufügen.

5 Den Wildkräutersalat waschen und mit der Balsamico-Vinaigrette marinieren.

6 Je 3 Sashimi auf Teller verteilen, das Chutney dazu anrichten und mit dem Wildkräutersalat garnieren.

WILDKRÄUTERSALAT

ca. 100 g	Wildkräuter
150 ml	mildes Olivenöl
100 ml	Rapsöl
65 ml	Balsamico, weiß
35 g	Senf, mittelscharf
30 ml	Wasser
50 g	Zucker
	Meersalz
	Pfeffer, frisch gemahlen

Alle Zutaten bis auf das Olivenöl in einen Mixer geben, mit Salz, Pfeffer und Zucker abschmecken. Während der Mixer läuft, das Olivenöl nach und nach einfließen lassen, bis eine Emulsion entsteht.

ZUHAUSE NACHGEKOCHT
- VON -
YANNIK

CURRYWURST

MIT KETCHUP-GEWÜRZKRUSTE UND CURRYSCHAUM

ZUTATEN für 4 Personen, **ZUBEREITUNGSZEIT** *ca. 40 Minuten*

4	**Kalbsbratwürste**
4	**große Kartoffeln**

KETCHUP-GEWÜRZKRUSTE

150 g	**Tomaten-Ketchup**
50 g	**Curry-Ketchup**
1 EL	**Worcestersauce**
2 Prisen	**gemahlener Sternanis**
1 Prise	**gemahlener Kreuzkümmel**
1 TL	**Madras Currypulver**
1 EL	**Rotweinessig**
10 g	**Zucker**
80 g	**Butter**
40-50 g	**Eigelb**
	Weißbrotbrösel von 2 Scheiben Toast (o. R.)

CURRYSAUCE

1	**Schalotte, in feine Würfel geschnitten**
2 TL	**Madras Currypulver**
200 ml	**Kalbsbrühe**
200 ml	**Orangensaft**
100 ml	**Sahne**
	Zitronensaft
	Zucker
	Olivenöl

GEWÜRZPUDER

1 EL	**Madras Currypulver**
1/2 TL	**gemahl. Kreuzkümmel**
1/2 TL	**gemahlener Sternanis**
1 Prise	**Zimt**
1 TL	**gestoßener rosa Pfeffer**
	etwas Puderzucker
	Meersalz
	Pfeffer, frisch gemahlen

1 Für die Kruste Ketchup, Worcestersauce, Gewürze, Essig, Zucker, Salz und Pfeffer in einen Topf bei kleiner Hitze unter Rühren auf ca. ein Drittel einkochen, danach auf Zimmertemperatur abkühlen lassen. Die Butter mit dem Eigelb mit einem Handmixer schaumig schlagen, die ausgekühlte Ketchupmasse glatt mit einarbeiten. Die Weißbrotbrösel mit einem Holzspatel untermengen, dann die Masse in einen Gefrierbeutel ca. 5 mm dick ausstreichen und kaltstellen.

2 Die Schalottenwürfel in etwas Olivenöl glasig anschwitzen, Curry dazugeben und einige Minuten bei kleiner Hitze mitschwitzen. Mit Kalbsbrühe und Orangensaft auffüllen, dann auf die Hälfte einreduzieren lassen. Die Sahne hinzufügen und mit Salz, Pfeffer und etwas Zucker abschmecken. Die Sauce bei mittlerer Hitze 5 - 10 Minuten köcheln lassen, dann passieren, mit etwas Zitronensaft abschmecken, so dass die Sauce eine angenehme Säure aufweist. Evtl. mit Salz und Zucker nachwürzen.

3 Kartoffeln schälen und aus jeder Kartoffel 6 - 8 Stäbe à 1 x 1 cm Dicke und 6 - 7 cm Länge schneiden. Die Kartoffelstäbe ca. 3 - 4 Minuten in Salzwasser kochen, dann auf Küchenpapier abtropfen und auskühlen lassen und bis zur weiteren Verarbeitung abdecken.

4 Für den Gewürzpuder alle Zutaten mit etwas Salz in einer Schüssel vermengen und ca. 30 Minuten ziehen lassen.

5 Die Kalbsbratwurst goldgelb braten, in der Zwischenzeit die Kartoffelstäbe in der Fritteuse ausbacken und die Currysauce erwärmen. Die vorbereitete Krustenmasse auf die gleiche Größe der Bratwurst schneiden und diese längs damit belegen und gratinieren. Die gebackenen Kartoffeln würzen und nebeneinander der Bratwurstlänge nach auf den Teller legen. Die gratinierte Bratwurst darauf setzen, die erwärmte Currysauce aufschäumen und angießen, mit Gewürzpuder bestreuen.

FRANK BUCHHOLZ

IM INTERVIEW

Der gebürtige Dortmunder ist seit seiner Ausbildung in München in der Sternegastronomie zu Hause. Er war in unterschiedlichen Gourmettempeln u. a. auf Mallorca und in Mailand beschäftigt und erkochte sich auch im eigenen Restaurant in Mainz einen Stern. Frank Buchholz ist Koch, Buchautor, Familienvater, Gründungsmitglied des Vereins der „Jungen Wilden", gibt Kochkurse, hat schon als Dozent gearbeitet und ist regelmäßig im Fernsehen zu sehen. Mit dem „Bootshaus" in Mainz hat sich Frank Buchholz einen Traum erfüllt und teilt seine Leidenschaft für Essen und Trinken seit 2011 in unkompliziertem Ambiente und mit Blick auf den Rhein mit seinen Gästen.

frank-buchholz.de

HAST DU EIN LIEBLINGSKOCHBUCH?

Ja! Der junge Koch

WAS IST DEIN ABSOLUTES LIEBLINGSGERICHT?

Currywurst mit Pommes!

WAS WAR DEIN ABSOLUTES LIEBLINGSGERICHT IN YANNIKS ALTER?

Schon immer: Currywurst, Pommes, Mayo.

GIBT ES ETWAS, BEI DEM DU AUF GAR KEINEN FALL WIDERSTEHEN KANNST?

Beim Essen: Kaviar, Currywurst, Pommes. Alles andere sage ich euch nicht.

WER KOCHT BEI DIR ZUHAUSE?

Meine Frau, und zwar sehr gut. Das konnte sie früher nicht, als ich sie kennengelernt habe. Aber heute: Bombe!

WAS KOMMT AUF GAR KEINEN FALL IN DEINEN TOPF?

Grünkohl!

GIBT ES ETWAS, DAS DU AUCH AUS DER DOSE ESSEN WÜRDEST?

Pfirsiche

WAS HÄLTST DU FÜR EINE KULINARISCHE TODSÜNDE?

In der Nase bohren

FÜR WEN WÜRDEST DU UNHEIMLICH GERNE EINMAL KOCHEN?

Für Yannik! Yannik, wenn du mal heiratest, koche ich, okay?

WAS IST DEIN LIEBSTES KÜCHENUTENSIL?
Yannik

GIBT ES EINE UNVERZICHTBARE ZUTAT FÜR DICH?
Curry

WAS IST DEINE KULINARISCHE TRAUMDESTINATION?
Der Mond

DEIN TIPP IN SACHEN „RESTE-ESSEN"?

Reste gibt's bei mir nicht.

WELCHE SPEISEKARTENFLOSKEL NERVT DICH?
Reime. Mir reicht, wenn da steht: Fleisch/Gemüse/Sauce

DESSERT ODER KÄSETELLER?
Dessert

BITTE VERVOLLSTÄNDIGE DEN SATZ: „DIE MIKROWELLE IST ..."
... für 'n Arsch.

WIE SIEHT FÜR DICH EIN PERFEKTES KATERFRÜHSTÜCK AUS?
Espresso – Zigarette – Gin Tonic

HAST DU EINEN GANZ BESONDEREN TIPP FÜR NACHWUCHSKÖCHE?
Durchbeißen!

WOVON WIRST DU IM DSCHUNGEL SATT?
Ich weiß nicht, was es alles im Dschungel gibt, aber auf jeden Fall NICHT vom Grünzeug.

PASSIONSFRUCHTTARTE

MIT BLUTORANGENKOMPOTT UND SCHOKOLADENEIS

ZUTATEN für 4 Personen, **ZUBEREITUNGSZEIT** *ca. 60 Minuten (ohne Standzeiten)*

HASELNUSS-SABLÉ-TEIG

- 120 g weiche Butter
- 90 g Puderzucker
- 30 g Haselnüsse, gemahlen
- 50 g Haselnusspaste
- 2 g Meersalz
- 50 g Ei (etwa 1 Ei)
- 35 g Mehl

SCHOKOLADENEIS

- 250 ml Sahne
- 250 ml Milch
- 150 g Zucker
- 25 g Kuvertüre
- 5 Eigelb
- 1 Vanillestange
- 1 Zimtstange

BLUTORANGENKOMPOTT

- 100 ml Orangensaft (frisch gepresst)
- 3 Korianderkörner
- 20 ml Grand Marnier
- Saft von 1/2 Zitrone
- 5 g Cremepulver (Speisestärke)
- 4 Blutorangen

PASSIONSFRUCHT-CREMEFÜLLUNG

- 270 g Passionsfruchtsaft
- 270 g Eier
- 270 g Zucker
- 4 Blatt Gelatine
- 350g Butter

1 Für den Teig Butter und Puderzucker cremig aufschlagen, alle weiteren Zutaten bis auf das Mehl unterziehen. Zum Schluss das Mehl nach und nach dazugeben, bis ein homogener Teig entsteht, diesen in Folie wickeln und mindestens 1 Stunde kaltstellen. Den Haselnuss-Sablé-Teig aus der Kühlung nehmen und 3 mm dünn ausrollen. Kreise von 8 cm Durchmesser ausstechen, damit eine Rundform von 6 cm Durchmesser auskleiden, den Rand leicht über die Seiten der Form andrücken und für ca. 30 Minuten kaltstellen. Anschließend im vorgeheizten Backofen bei 150 °C ca. 13 Minuten backen, komplett abkühlen lassen und der Form entnehmen.

2 Gelatine in kaltem Wasser einweichen, Passionsfruchtsaft und Zucker aufkochen und die Eier unter ständigem Rühren einfließen lassen, nochmals kurz aufkochen. Eingeweichte, ausgedrückte Gelatine dazugeben und die Masse auf ca. 40 °C abkühlen lassen. Die in Würfel geschnittene Butter mit einem Mixstab einmontieren. Die noch halbwarme Creme in die Tortenböden einfüllen und kaltstellen.

3 Für das Schokoladeneis Sahne und Milch mit Vanille und Zimt kochen. Zucker mit dem Eigelb schaumig schlagen. Die Kuvertüre in der Milch-Sahne auflösen. Schokoladenmilch mit dem Zucker-Ei-Gemisch verrühren und abziehen, bis die Masse bindet (darf nicht mehr kochen!). Anschließend durch ein Haarsieb passieren, schnell abkühlen und in der Eismaschine oder Froster gefrieren lassen.

4 Den Orangensaft mit den Korianderkörnern und dem Zitronensaft 2 Minuten kochen lassen. Den Grand Marnier dazugeben und mit dem angerührten Cremepulver abbinden und auskühlen lassen. Dann die Flüssigkeit über die Orangenfilets gießen und zwei Stunden darin marinieren lassen.

5 Alle Komponenten dekorativ auf dem Teller anrichten. Zum Schluss mit einem lauwarmen Löffel eine Eisnocke abstechen.

ZUHAUSE NACHGEKOCHT
- VON -
YANNIK

FRANZI & ANDI SCHWEIGER

kochen

MILLA'S LIEBLINGSGERICHTE

DAUPHINE-KARTOFFELN & KAKAO-GUGLHUPF

in ANDI SCHWEIGERS KOCHSCHULE in München

#06

SOUS CHEFIN MILLA

Dschungelkönigin **MILLA** *die Erste, könnte man fast sagen. In jedem Fall treibt sich die 5-jährige Milla bevorzugt draußen herum und genießt die regelmäßigen Wald- und Jugendfarmtage im Kindergarten. Beim Essen dürfen es dann allerdings lieber Omas Spätzle sein als irgendwelches Waldgetier. Dass in der Küche mitgeholfen wird, versteht sich für Milla von selbst. Egal ob Dauphine-Kartoffeln oder Salat. Was später auf den Tisch kommt, wird vorab erst einmal gründlich abgeschrubbt. Und wenn dann nach der Mahlzeit der Magen nicht mehr knurrt, legt sich Milla zur Entspannung gerne eine Conni-CD in Dauerschleife ein.*

est. 2003

ANDI'S CURRYSUPPE

ZUTATEN für 5 Personen, *ZUBEREITUNGSZEIT* ca. 45 Minuten ⊗ *GLUTENFREI*

1	**Stange Lauch**
1/2	**Knollensellerie**
1	**Fenchelknolle**
3	**Schalotten**
2 Stangen	**Staudensellerie**
2 Stangen	**Zitronengras**
15 g	**frischer Ingwer**
1	**Chilischote**
250 ml	**Weißwein**
2 l	**Kokosmilch**
	Meersalz
	Madrascurry
	Rapsöl
	Kokosfett

Das Gemüse schälen, klein schneiden und im Rapsöl anbraten. Das Curry mit dem Kokosfett anrösten. Alles mit Weißwein ablöschen und das Curry zugeben. Mit der Kokosmilch auffüllen und salzen. Den Ingwer reiben und zugeben. Ca. 20 Minuten leicht köcheln lassen. Am Schluss die ausgekratzte Chilischote zugeben und 2 Minuten ziehen lassen. Mit einem Zauberstab leicht anmixen. Durch ein feines Sieb passieren und nochmals abschmecken.

ZUHAUSE NACHGEKOCHT
· VON ·
MILLA

ANDI'S DAUPHINE-KARTOFFELN

MIT JOHANNISTOMATEN

ZUTATEN für 4 Personen, **ZUBEREITUNGSZEIT** *ca. 50 Minuten*

DAUPHINE-KARTOFFELN

500-600 g	Kartoffeln, roh
	Salz
	Muskat

BRANDTEIG

75 ml	Wasser
25 g	Butter
	Salz
50 g	Mehl
I	Ei

JOHANNISTOMATEN

250 g	Kirschtomaten
3	Schalotten
4 EL	Olivenöl
100 g	Butter
	Meersalz
	evtl. Gemüsefond

1 Die Kartoffeln schälen und in 4 cm große Stücke schneiden. Die Kartoffelstücke in einen Topf geben, mit kaltem Wasser aufgießen und salzen, aufkochen und ungefähr eine halbe Stunde leicht köcheln lassen. Danach abgießen und 5 Minuten ausdampfen lassen. Mit Muskat würzen.

2 Das Wasser zusammen mit der Butter und dem Salz aufkochen und das Mehl auf einmal zugeben. So lange mit einem Kochlöffel rühren, bis sich die Masse vom Topfboden löst. Die Masse in eine Rührschüssel geben und das Ei unter Rühren zugeben.

3 Nun die Kartoffeln durch eine Kartoffelpresse auf die Brandteigmasse geben und beides miteinander glattrühren. Nochmals mit Salz abschmecken und dann kleine Nocken ausstechen und in 160 °C heißem Fett ausbacken.

4 Die fertigen Nocken auf ein Tuch geben, damit das überschüssige Fett aufgefangen wird, und gegebenenfalls nochmals nachsalzen. Die Dauphine-Kartoffeln schnell servieren.

5 Die Schalotten schälen und in kleine Würfel schneiden. Die Schalottenwürfel im Olivenöl andünsten, die Tomaten zugeben, salzen und ca. 5 Minuten bei kleiner Hitze garen. Die restliche Flüssigkeit mit der Butter binden. Sollte keine Flüssigkeit mehr vorhanden sein, etwas Gemüsefond zugeben.

FRANZI & ANDI SCHWEIGER

IM INTERVIEW

Seit 2013 betreibt Andi Schweiger eine Kochschule, ist Kochbuchautor und zeigt als „Kochprofi" Einsatz am Herd. Nach seiner Kochausbildung blieb Andi der Sternegastronomie treu und machte unter anderem Station in der Stuttgarter „Wielandshöhe". Er erweiterte seinen Horizont außerdem in Gourmettempeln in London und Herxheim, um anschließend sein Können in München unter Beweis zu stellen. 2006 eröffnete er mit seiner Frau Franzi das Restaurant „Schweiger2" in München, 2009 wurde seine Kochkunst mit einem Michelin Stern belohnt.

andischweiger.com

HABT IHR EIN LIEBLINGSKOCHBUCH?

Andi: Oh Gott, ich habe ungefähr 400, das ist echt schwierig …

Franzi: Ich habe ein Lieblingskochbuch: „Regional mit Leidenschaft" von Andi Schweiger.

Andi: Um Gottes Willen, wie komme ich aus der Nummer wieder raus? Also alle Bücher von der Franzi sind so toll! … Ich glaube, ich kann es jetzt nur noch schlimmer machen.

WAS IST EUER ABSOLUTES LIEBLINGSGERICHT?

Andi: Das gibt es tatsächlich nicht. Ich bin immer auf der Suche nach etwas Neuem. Ich kann das also gar nicht sagen, es ändert sich ständig. Ich koche für mich selber gerne Currys, deshalb auch die Currysuppe hier im Buch.

Franzi: Ich mag am liebsten die „Schwammerlsupp'n" von meiner Mama, mit einem Semmelknödel drin.

WAS WAR EUER ABSOLUTES LIEBLINGS-GERICHT IN MILLAS ALTER?

Andi: Ich mochte immer die süßen Sachen sehr. Pfannkuchen mit Nutella – das habe ich geliebt. Und Kaiserschmarrn und so was. Es war für mich ein Highlight, wenn es alle zwei Wochen etwas Süßes zum Mittagessen gab.

Franzi: Für mich auch Süßes - deshalb bin ich wahrscheinlich auch Konditorin geworden. Griesmus, Milchreis, Apfelstrudel von der Oma mit Vanillesauce. Die klassischen Sachen waren so meine Lieblinge.

WER KOCHT BEI EUCH ZUHAUSE?

Franzi: Zu 80 % der Andi. Ich kümmere mich um die Getränke und ums Dessert. Ich bin der Beikoch, sammle Kräuter und Gemüse aus dem Garten ein.

Andi: Ja, wir machen das schon gemeinsam. Aber: Wenn wir jetzt einen Kuchen machen, dann würde ich nicht sagen „Lass bitte mich", und andersrum ist es genauso. Schuster, bleib bei deinen Leisten!

WAS KOMMT AUF GAR KEINEN FALL IN EUREN TOPF?

Andi: Alles, was kein echtes Lebensmittel ist.

GIBT ES ETWAS, DAS IHR AUCH AUS DER DOSE ESSEN WÜRDET?

Andi: Die Antwort davor beantwortet alles.

WAS HALTET IHR FÜR EINE KULINARISCHE TODSÜNDE?

Wenn man die wichtigste Zutat nicht verwendet, die Liebe.

FÜR WEN WÜRDET IHR UNHEIMLICH GERNE EINMAL KOCHEN?

Franzi: Wir kochen sehr viel miteinander und füreinander in der Familie, aber es gibt keinen bestimmten Menschen in meinem Leben, der mein Idol wäre. Aber vielleicht könnten wir ja mal für euch kochen?

WAS IST EUER LIEBSTES KÜCHENUTENSIL?

Andi: Das Wichtigste ist ein ordentliches Schneidebrett und ein Messer.

Franzi: Also, ich liebe meine Küchenmaschine. Wenn man wie ich das Kuchenbacken liebt, sind außerdem eine gute Reibe und die typischen Backutensilien und natürlich eine Waage ganz wichtig für eine Konditorin.

GIBT ES EINE UNVERZICHTBARE ZUTAT FÜR EUCH?

Andi: Kardamom und Kurkuma, Zitronengras, Vanille.

Franzi: Mit Gewürzen zu aromatisieren macht Spaß. Ich liebe die Zitrone, die Ätherik der Zitrone ist super. Mit

Espresso zu experimentieren ist super, zum Beispiel im Schokoladenmousse. Frischer Zimt ist toll in Verbindung mit Schokolade und Plätzchen zur Weihnachtszeit.

WAS IST EURE KULINARISCHE TRAUMDESTINATION?

Andi: Wir beide sind ja schon als Dreamteam genau da angekommen.

WELCHE SPEISEKARTENFLOSKELN NERVEN EUCH?

Andi: Unter – auf – Symphonie – Duett – eigentlich alle!

DESSERT ODER KÄSETELLER?

Franzi: Dessert, aber ich mag beides gerne.

Andi: Ich verzichte definitiv nicht auf das Dessert, aber dann so eine Stunde später zu einem Glas Rotwein noch so ein schönes Stück Käse.

WIE SIEHT FÜR EUCH EIN PERFEKTES KATERFRÜHSTÜCK AUS?

Franzi: „A Weißbier und a Weißwurscht."

Andi: Dem ist nichts hinzuzufügen.

Nach der Konditorenlehre in Rosenheim führte Franzi Schweiger ihr Weg nach München, wo sie ihren späteren Ehemann Andi bei der Arbeit kennenlernte. Ihr Herz schlägt für die süßen Sünden. Für die war sie auch im eigenen Restaurant „Schweiger2" verantwortlich. Inzwischen hat Franzi Schweiger behütete Familienrezepte in der 4. Generation mit „Franzis Patisserie" zu neuem Leben erweckt. Ihre Mutter und die Oma unterstützen sie dabei tatkräftig. Außerdem gibt sie Backkurse, hat diverse Backbücher veröffentlicht und geht Andi in der Kochschule zur Hand.

franzis-patisserie.de

BITTE VERVOLLSTÄNDIGT DEN SATZ: „DIE MIKROWELLE IST ..."

Andi: ... Schei ...

Franzi: ... Katastrophe.

EUER TIPP IN SACHEN „RESTE-ESSEN"?

Andi: Was rumliegt und weg muss, funktioniert. Man muss sich nur trauen. Mit guten Zutaten kann man nie etwas verkehrt machen.

Franzi: Mein Papa macht immer gern ein Gröstl, wenn zum Beispiel Schweinebraten übrig ist: Der schwitzt Zwiebeln an, dann das Fleisch, dann kommt Kartoffel dazu und ein Ei drüber und Käse. Das ist ein hervorragendes Reste-Essen, vielleicht noch frisches Gemüse dazu. Im Dessertbereich könnte man eher so eine Art Scheiterhaufen machen. Aus übrig gebliebenen Keksen (wobei meistens keine Kekse übrig bleiben) könnte man einen Knusperboden für Käsekuchen machen, oder man trocknet Kuchenabschnitte und macht die als Crumbles in ein Müsli. Kuchen kann man immer trocknen und verwenden.

HABT IHR EINEN GANZ BESONDEREN TIPP FÜR NACHWUCHSKÖCHE?

Durchhalten, durchbeißen, Ziel verfolgen!

Andi: Man muss sich schon sehr gut informieren im Vorfeld, ob das wirklich der Traumberuf ist. Es kann ein Traumberuf sein, aber der Beruf kann auch zur Hölle werden, da es körperlich anstrengend ist und die Arbeit meistens nicht nach acht Stunden erledigt ist. Man sollte Durchsetzungsvermögen mitbringen und einfach die Liebe zum Kochen und Respekt vorm Lebensmittel, dann kann nix schiefgehen!

WOVON WERDET IHR IM DSCHUNGEL SATT?

Franzi: Also, ich von Kokosnüssen.

Andi: Mich kriegt ihr in keinen Dschungel rein.

Franzi: Das ist tatsächlich so. Obwohl ich ihm die Insekten dann aber in verschiedensten Variationen zubereiten würde, ein Duett von der Made würde ich ihm servieren.

Andi: Ich würde das aber nicht essen.

FRANZI'S KAKAO-GUGLHUPF

MIT EINER ROSENHEIMER KRÄUTER-EISCREME

*ZUTATEN für 4 Personen, **ZUBEREITUNGSZEIT** ca. 35 Minuten* ⊗ ***GLUTENFREI***

GUGLHUPF

4	Eigelb
100 g	Zucker
230 g	geröstete, gemahlene Haselnüsse
40 g	Kakao
4	Eiweiß

EISCREME

5	Eigelb
125 g	Zucker
250 ml	Milch
250 ml	Sahne
2 Zweige	Rosmarin
2 Zweige	Minze
2 Zweige	Salbei
2 Zweige	Basilikum

1 Eigelb und Zucker schaumig schlagen. Den Kakao und die Haselnüsse unter das Eigelb heben, zum Schluss das steifgeschlagene Eiweiß unterheben. Teig in eine große Guglhupf-Form (oder mehrere kleinere) geben und bei 170 °C ca. 20 - 25 Minuten backen.

2 Zucker und Eigelb verrühren. Milch und Sahne mit den Kräutern aufkochen. Die kochende Sahne auf das Eigelb geben und auf einem Wasserbad auf 80 °C erhitzen. Im Anschluss passieren und in einer Eismaschine gefrieren.

ALI GÜNGÖRMÜŞ

kocht

TIM'S LIEBLINGSGERICHT

PANNFISCH

*im **PAGEOU** in München*

#07

SOUS CHEF TIM

*Es ist nicht überliefert, ob **TIM** und seine Freunde an einen Food Truck gedacht haben, als sie ihre Schulband „Fire Truck" genannt haben. In jedem Fall mag der 14-jährige Hobby-Gitarrist es feurig. Kein Wunder, dass Patenonkel Thilo bzw. das, was er alles auf seinem Holzkohlegrill brutzelt, zu Tims absoluten Favoriten zählt. Aber keine Sorge, die leckeren Kalorien vom Grill werden von Tim im Anschluss sofort wieder verbrannt, sei es beim Schwimmen, bei der Leichtathletik oder auf der Skipiste. Mal schauen, wie er sich in der Küche gemeinsam mit Ali Güngörmüş schlägt. Da gibt's für den Backfisch diesmal Pannfisch.*

est. 2003

ŞAKŞUKA MIT SUCUK

ZUTATEN *für 4 Personen,* **ZUBEREITUNGSZEIT** *ca. 40 Minuten* ⊗ **GLUTENFREI**

200 g	**Sucuk (würzige Rohwurst)**
8	**reife Tomaten**
4	**milde hellgrüne Spitzpaprikaschoten**
2	**Schalotten**
I	**Knoblauchzehe**
4 EL	**Olivenöl**
4	**Eier**
	Salz
	Pfeffer
I Bund	**Schnittlauch**

1 Die Sucuk häuten und in Scheiben schneiden. Die Tomaten kreuzweise einritzen, überbrühen, kalt abschrecken, häuten, vierteln und entkernen. Die Tomatenviertel fein würfeln, dabei die Stielansätze entfernen. Die Paprikaschoten halbieren, entkernen, waschen und in mundgerechte Stücke schneiden. Die Schalotten schälen, halbieren und in Streifen schneiden. Den Knoblauch schälen und hacken.

2 Das Öl in einer großen Pfanne erhitzen und die Schalotten mit dem Knoblauch darin bei mittlerer Hitze goldgelb anschwitzen. Paprikastücke und Tomatenwürfel dazugeben und 5 – 8 Minuten unter gelegentlichem Rühren schmoren lassen. Die Sucuk-Scheiben zum Gemüse in die Pfanne geben und alles weitere 2 – 3 Minuten schmoren lassen.

3 Die Eier aufschlagen und hinzufügen, kurz stocken lassen und dann unterheben, sodass sich alles zu einer saftigen Mischung verbindet. Mit Salz und Pfeffer würzen.

4 Den Schnittlauch waschen, trocken schütteln und in Röllchen schneiden. Die Şakşuka mit Schnittlauch bestreuen, in Portionen teilen und sofort servieren.

TIPP

Ich backe ein großes ovales Pide im Backofen knusprig auf und lege es auf ein Brett. Darauf verteile ich die Şakşuka und schneide das Brot in Stücke, die man ganz einfach aus der Hand essen kann.

* Rezept stammt aus dem Buch **Meine türkische Küche** von Ali Güngörmüş (Dorling Kindersley Verlag)

PANNFISCH

ZUTATEN *für 2 Personen,* ZUBEREITUNGSZEIT *ca. 30 Minuten* ⊗ GLUTENFREI

PANNFISCH
2 Kabeljau- oder Dorschfilets à 150 g
2 große gekochte Pellkartoffeln
2 Schalotten
3 Frühlingszwiebeln
3-4 Radieschen
Butter
Rapsöl

SAUCE
200 g saure Sahne
frischer Dill, gehackt
1/2 Bio-Zitronenschale, abgerieben
2 EL Olivenöl
1 große Essiggurke
(fein gewürfelt, ohne Schale)
1 EL Essiggurkenwasser
1 EL süßer Senf
1 EL Dijonsenf
1 EL gekochte Senfkörner
Salz
Zucker
Cayennepfeffer

1 Die saure Sahne in einer Schüssel mit den restlichen Zutaten gut vermischen. Mit Salz, einer Prise Zucker und Cayenne abschmecken und zur Seite stellen.

2 Die Kartoffeln schälen und in dünne Scheiben schneiden, Schalotten in feine Ringe schneiden, auch die Frühlingszwiebeln fein schneiden. Die Radieschen waschen und ebenfalls in dünne Scheiben schneiden.

3 2 EL Rapsöl in einer Teflonpfanne erhitzen und die Kartoffeln darin braten, Schalotten dazugeben, leicht salzen und pfeffern und alles zusammen goldgelb braten.

4 Die Fischfilets leicht salzen. 2 EL Rapsöl in der Pfanne erhitzen und den Fisch von beiden Seiten ca. 3 Min. braten. Zum Schluss ein kleines Stück Butter dazugeben, die Pfanne vom Herd nehmen und den Fisch in der Butter wenden.

5 Die Kartoffeln zusammen mit dem Fisch auf Tellern anrichten, die Senfsauce darüber träufeln, mit den Radieschen und den Frühlingszwiebeln garnieren und servieren.

ALI GÜNGÖRMÜŞ

IM INTERVIEW

Ali Güngörmüş wuchs auf einem Bauernhof in Pageou in der Türkei auf, bevor er mit zehn Jahren mit seiner Mutter und den sechs Geschwistern dem Vater nach München folgte. Nach seiner Ausbildung zum Koch führte ihn sein beruflicher Werdegang in Zwei-Sterne-Restaurants, Szenelokale und Gourmettempel, bevor er 2005 in Hamburg das Restaurant „Le Canard Nouveau" eröffnete, das rasch mit einem Michelin-Stern ausgezeichnet wurde. 2014 kehrte er nach München zurück und eröffnete das „Pageou". Der Gastronom ist außerdem Familienvater und Kochbuchautor. Als TV-Koch und Jurymitglied ist er in diversen Sendungen auf dem Bildschirm zu sehen.

pageou.de

HAST DU EIN LIEBLINGSKOCHBUCH?

Ja, mein eigenes Kochbuch natürlich und Kochbücher von Yotam Ottolenghi.

WAS IST DEIN ABSOLUTES LIEBLINGSGERICHT?

Ein halbes Hähnchen mit Pommes. Ich esse halt so einfache Sachen am liebsten.

WAS WAR DEIN ABSOLUTES LIEBLINGS-GERICHT IN TIMS ALTER?

Als Kind habe ich das auch schon gerne gegessen. Wir wurden oft zu türkischen Hochzeiten eingeladen, da gab es immer ein halbes Hähnchen mit Semmel oder Kartoffelsalat oder Pommes. Das ist mir von damals geblieben. Jetzt ist es leider so schwer geworden, gutes Hühnchen zu finden. Freunde von mir haben am Tegernsee ein Wirtshaus und die machen das noch – so richtig aus Bio-Hühnchen.

WER KOCHT BEI DIR ZUHAUSE?

Ja ich!

WAS KOMMT AUF GAR KEINEN FALL IN DEINEN TOPF?

Exotische Tiere, Schnecken, Froschschenkel, Schlangen, Krokodil – widerlich!

GIBT ES ETWAS, DAS DU AUCH AUS DER DOSE ESSEN WÜRDEST?

Auf jeden Fall keine Ravioli! Mais vielleicht.

DEIN TIPP IN SACHEN „RESTE-ESSEN"?

Ich koche zu Hause auch aus den Resten nochmal was. Ich finde, man sollte Respekt haben, dass es uns hier so gut geht und dass wir in Deutschland aus dem Vollen schöpfen können. Aus Resten kann man immer noch was Schönes machen. Wer Reste wegschmeißt, der hat keinen Respekt vor Lebensmitteln.

DESSERT ODER KÄSETELLER?

Früher war das der Käseteller, jetzt ist es eher Dessert.

WIE SIEHT FÜR DICH EIN PERFEKTES KATERFRÜHSTÜCK AUS?

Das ist ganz easy eigentlich. So ein „Schinkentoast" mit Eiern obendrauf, Rührei oder Spiegelei – fertig. Ich nehme aber keinen Speck, ich nehme dazu Sucuk (türkische Wurst).

BITTE VERVOLLSTÄNDIGE DEN SATZ: „DIE MIKROWELLE IST …"

… kein Helfer. Ich habe hier gar keine Mikrowelle.

HAST DU EINEN GANZ BESONDEREN TIPP FÜR NACHWUCHSKÖCHE?

Das ist ein superschöner Beruf, man kann sehr kreativ sein, Erfolg haben, und man kann auch sehr gutes Geld verdienen. Junge Leute, die sich für den Beruf entscheiden: unbedingt dabeibleiben, wir brauchen junge Köche!

WAS HÄLTST DU FÜR EINE KULINARISCHE TODSÜNDE?

Da gibt es viele. Wenn zum Beispiel dem Produkt nicht genug Respekt und Achtung gegeben wird.

FÜR WEN WÜRDEST DU UNHEIMLICH GERNE EINMAL KOCHEN?

Angelina Jolie

WAS IST DEIN LIEBSTES KÜCHENUTENSIL?

Mein Messer

GIBT ES EINE UNVERZICHTBARE ZUTAT FÜR DICH?

Für meine Küche ist das die Tomate.

WAS IST DEINE KULINARISCHE TRAUMDESTINATION?

Paris

POCHIERTER PFIRSICH

IM MARACUJA-ORANGEN-SUD MIT HIMBEEREN

ZUTATEN für 4 Personen, *ZUBEREITUNGSZEIT* ca. 45 Minuten

NUSSRÖLLCHEN

2	rechteckige Yufka- Teigblätter
1 EL	zerlassene Butter
je 1 EL	gemahlene Haselnüsse und Mandeln
1 EL	gehackte Pistazien
40 g	Marzipanrohmasse
1/4 TL	Bio-Zitronenschale, abgerieben

PFIRSICHE

1 EL	Puderzucker
200 ml	Maracuja-Nektar
200 ml	Orangensaft
1	kleiner Zweig Rosmarin
1	Streifen Bio-Zitronenschale
1/2	Vanilleschote
2	gelbe Pfirsiche
1 TL	Speisestärke
10 g	kalte Butter
	einige Tropfen Zitronensaft
150 g	Himbeeren

1 Für die Nussröllchen den Backofen auf 160 °C vorheizen. Ein Backblech mit Backpapier auslegen. Aus den Teigblättern vier Dreiecke von 15 cm Seitenlänge schneiden. Die Teigdreiecke mit der Butter bestreichen. Haselnüsse, Mandeln und Pistazien mit Marzipanrohmasse und Zitronenschale verkneten. Je ein Viertel der Nussmasse an der Längsseite jedes Teigdreiecks verteilen und die Dreiecke aufrollen. Die Röllchen im Ofen auf der mittleren Schiene in 10 – 15 Minuten goldgelb backen.

2 Inzwischen für die Pfirsiche in einer Kasserolle, in der 4 Pfirsichhälften nebeneinander Platz haben, den Puderzucker bei schwacher Hitze schmelzen und hell karamellisieren lassen. Mit Maracuja-Nektar und Orangensaft ablöschen. Den Rosmarinzweig waschen, trocken schütteln und mit der Zitronenschale in die Kasserolle geben. Die Vanilleschote längs aufschneiden, das Mark herauskratzen und mit der Schote ebenfalls dazugeben. Die Pfirsiche waschen, halbieren, entsteinen und die Steine zum Sud geben. Die Pfirsichhälften mit den Schnittflächen nach unten in den Sud legen und die Kasserolle mit Alufolie abdecken.

3 Sobald die Nussröllchen gebacken sind, diese aus dem Ofen nehmen und lauwarm abkühlen lassen.

4 Inzwischen die Pfirsiche im Ofen auf der mittleren Schiene etwa 15 Minuten garen, bis sich die Pfirsichhaut entfernen lässt. Die Pfirsichhälften aus dem Sud heben. Den Sud auf dem Herd 3 Minuten einkochen, die Steine entfernen. Die Stärke mit 2 EL kaltem Wasser glattrühren. Die Stärkemischung unter den Sud rühren und diesen unter Rühren sämig einkochen. Vom Herd nehmen und die kalte Butter in Flöckchen unterrühren. Die Sauce mit dem Zitronensaft abschmecken.

5 Die Pfirsichhälften in Schalen oder tiefe Teller geben und die Fruchtsauce darüber träufeln. Mit den Himbeeren garnieren und mit je 1 Nussröllchen servieren.

*Rezept stammt aus dem Buch **Meine türkische Küche** von Ali Güngörmüş (Dorling Kindersley Verlag)

OLE PLOGSTEDT
kocht

JAKOB'S LIEBLINGSGERICHT
BURGER JAKOB
bei der **ROTE GOURMET FRAKTION** *in Hamburg*

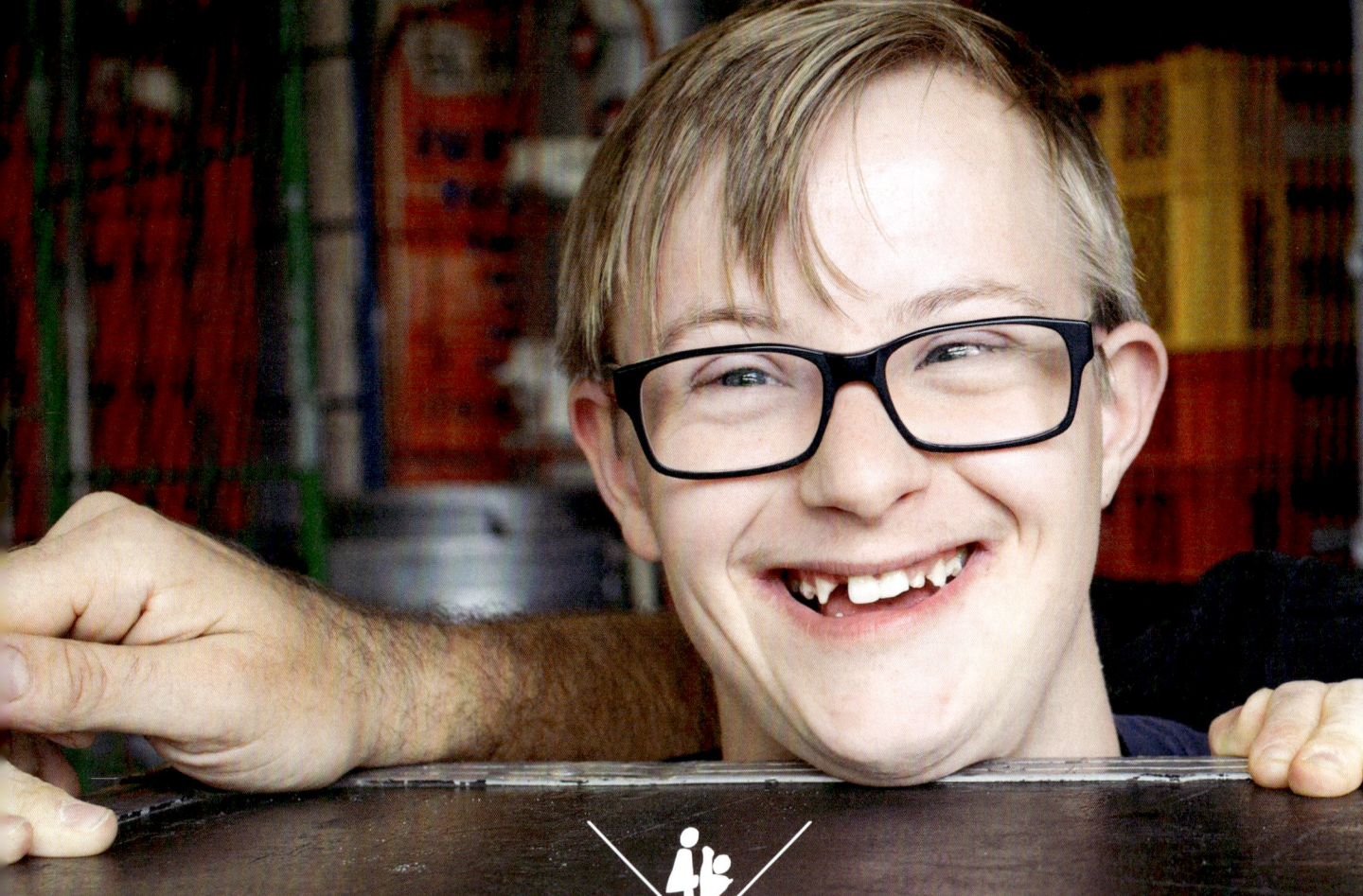

est. 2003

JAKOB *ist 19 und liebt Burger, Schnitzel, Schweinebraten - richtiges Männeressen eben! Wenn er nicht gerade im Auto bei voller Lautstärke Sportfreunde Stiller hört oder die große Tuba spielt, schaut er mit Begeisterung die Blues Brothers, Alf und die Sch'tis. Jakob freut sich immer schon die ganze Woche auf Leichtathletik, Fußball und Basketball bei „seinem" Sport in Kornwestheim. Seine große Leidenschaft ist das Zeichnen und Malen, immer und überall: in seinem Zimmer von morgens um 6 bis abends um 10, in den Ferien bei Oma und Opa und in jedem Urlaub, egal ob in „Tolland" (Holland), Schweden oder Frankreich.*

#08

BURGER JAKOB

MIT RELISH, RÖSTZWIEBELN UND KÄSE

ZUTATEN für 2 Personen, *ZUBEREITUNGSZEIT* ca. 60 Minuten ⊗ *GLUTENFREI*

TOMATEN-GURKEN-RELISH
1	**Zwiebel**
4	**Tomaten**
1	**große Handvoll Essiggurken**
	etwas Gurkensud
	Schnittlauch
	Olivenöl
ca. 2 EL	**Maisstärke**
	Meersalz
	Zucker

RÖSTI-BUNS
5	**Kartoffeln**
	Pfeffer
	Meersalz
	Muskatnuss
	Pflanzenöl

BURGER-PATTY
150-180 g	**Bio-Hackfleisch pro Burger**
1	**Handvoll Rauchsalzmandeln, grob gehackt**
2 Scheiben	**Käse nach Geschmack (Gouda, Emmentaler, …)**
	Roter Löwenzahn oder Rucola
	Röstzwiebeln

1 Die Tomaten vierteln, vom Kerngehäuse befreien und in Würfel schneiden. Zwiebel und Gewürzgurken ebenfalls würfeln. Die Kerngehäuse pürieren und passieren (durch ein Sieb streichen).

2 Die Zwiebelwürfel in etwas Olivenöl farblos anschwitzen, mit den passierten Tomateninnereien und etwas Gurkenfond ablöschen und mit etwas Zucker und Meersalz würzen. Aufkochen lassen und mit in kaltem Wasser angerührter Maisstärke abbinden. Tomaten- und Gurkenwürfel hinzufügen, einmal kurz aufkochen lassen, fein geschnittenen Schnittlauch hinzufügen und ggf. mit Meersalz abschmecken.

3 Kartoffeln schälen, mit einem Spiralschneider zu langen Spiralen schneiden (alternativ raspeln), mit Meersalz, Pfeffer und einer Prise Muskat würzen, gut mischen, leicht kneten und etwas stehen lassen. Danach gut ausdrücken. Das Kartoffelwasser kurz stehen lassen, damit sich die Stärke absetzt. Das Wasser vorsichtig abgießen, die Stärke zu den Kartoffeln geben und gut vermischen. In heißem Pflanzenöl vier Rösti-Buns braten, dabei die Ränder gut zusammenschieben, damit sie nicht ausfransen und zu braun werden.

4 Das Hackfleisch und die grob gehackten Rauchsalzmandeln vermischen und gut durchkneten. In heißem Öl zwei Burger-Pattys braten und noch in der Pfanne jeweils eine Käsescheibe drauflegen.

5 Einige Blätter gut abgetropften Salat auf einen Röstitaler legen, etwa 3 EL Relish darauf verteilen. Ein mit Käse belegtes Patty drauflegen und noch etwas Sauce darüber geben. Einige Röstzwiebeln darauf verteilen und den zweiten Rösti-Bun als Deckel drauf legen. Mit einigen Salatblättern und grob gehackten Mandeln dekorieren.

JAKOBBURGER

MIT SCHMAND-SENF-SAUCE, KÄSE UND PARMASCHINKEN

ZUTATEN für 2 Personen, *ZUBEREITUNGSZEIT* ca. 60 Minuten ⊗ *GLUTENFREI*

Rösti-Buns wie bei Burger Jakob

BURGER-PATTY
die Rauchmandeln durch Kürbiskerne ersetzen, ansonsten wie bei Burger Jakob

SCHMAND-SENF-SAUCE
Schmand oder Crème fraîche
milder körniger Senf
Schnittlauch
Meersalz
Pfeffer

Parmaschinken
1 rote Zwiebel

1 Zubereitung siehe Rezept Burger Jakob.

2 Sauce nach Geschmack zubereiten.

3 Schinken in feine Streifen und die Zwiebel in Ringe schneiden.

4 Das Relish durch die Schmand-Senf-Sauce ersetzen. Anstatt der Röstzwiebeln die Schinkenstreifen und die Zwiebelringe nehmen. Mit einigen Kürbiskernen und eventuell einigen Salatblättern dekorieren.

TIPP
Anstatt Parmaschinken funktioniert auch jeder andere luftgetrocknete Schinken, wie beispielsweise Serrano-Schinken.

OLE PLOGSTEDT
IM INTERVIEW

Nach seiner Ausbildung zum Koch im „Hotel Steigenberger" in Berlin und einigen Stationen in der Gourmetgastronomie gründete Ole Plogstedt 1993 den Tournee-Cateringservice „Rote-Gourmet-Fraktion (RGF)", der für die Verpflegung von Bands wie den „Toten Hosen" auf deren Tourneen sorgt. Er unterstützt regelmäßig Benefizveranstaltungen wie „Kochen gegen Rechts", ist Mitglied der Vereinigung „Spitzenköche für Afrika" und unterstützt zahlreiche andere soziale Projekte. Der Vater von drei Kindern war bei den „Kochprofis" und ist in verschiedenen anderen Formaten im TV zu sehen, ist Buchautor und hat an diversen Kochbüchern mitgewirkt.

rotegourmetfraktion.de

HAST DU EIN LIEBLINGSKOCHBUCH?

Mein Lieblingskochbuch ist noch nicht erschienen, ich glaube, es erscheint im Herbst 2018, da sind so geile Köche wie Jakob dabei.

WAS IST DEIN ABSOLUTES LIEBLINGSGERICHT?

Ich habe kein absolutes Leibgericht. Ich brauche immer Abwechslung. Es kann wirklich mal ein Gourmet-Essen mein Leibgericht sein, wenn das grad die richtige Stimmung dafür ist. Das kann aber auch die Currywurst sein, wenn der Moment dafür da ist. Deshalb mag ich mich da nicht festlegen. Was ich immer mag, ist Spargel, und das koste ich zur Spargelzeit aus. Oder zur Grünkohlzeit Grünkohl. Ich finde es auch gut, dass man nicht immer alles zu jeder Zeit hat.

WAS WAR DEIN ABSOLUTES LIEBLINGS-GERICHT IN JAKOBS ALTER?

Also ich komme ursprünglich aus Berlin, und ich habe Döner und Falafel geliebt. Das ist echt gutes Fastfood.

WAS KOMMT AUF GAR KEINEN FALL IN DEINEN TOPF?

Milchlamm, Milchkalb, Spanferkel, Stubenküken – Babys isst man nicht!

WAS IST DEINE KULINARISCHE TRAUMDESTINATION?

Thailand würde mich kulinarisch sehr interessieren.

WER KOCHT BEI DIR ZUHAUSE?

Wenn ich mal zu Hause bin, dann koche auch mal ich. Manchmal kocht auch meine Tochter. Das Tolle ist, sie hat einen russischen Freund, und jetzt gibt es manchmal so russische Sachen. Aber eigentlich teilen wir uns das auf. Wer halt grad Bock hat zu kochen. Manchmal hat auch keiner Bock, dann holen wir uns einen Burger.

GIBT ES ETWAS, DAS DU AUCH AUS DER DOSE ESSEN WÜRDEST?

Wenn ich ein Sternekoch wäre, würde ich sagen Kaviar. Aber ich finde Dosenpfirsiche total cool, und Tomatenmark. Was ich nicht aus der Dose essen würde, sind Erbsen, Möhren und Champignons.

DEIN TIPP IN SACHEN „RESTE-ESSEN"?

Hast du genug Zeit? Wenn du Kartoffeln hast und Kartoffeln schälst, dann kannst du die Schalen frittieren und dann hast du wunderbare Kartoffelchips. Kartoffel ist sowieso das Standardbeispiel. Aus Kartoffelpüree kann man mit Gemüsebrühe Kartoffelsuppe machen, kleine Ausbackplinsen mit viel Ei, Mehl, dazu Zimt und Apfelkompott.

WAS HÄLTST DU FÜR EINE KULINARISCHE TODSÜNDE?

Ich kann keinen Ziegenkäse essen. Dabei gibt es so tolle Ziegenkäse oder Ziegenfrischkäse – aber ich krieg das nicht runter.

FÜR WELCHE BAND WÜRDEST DU UNHEIMLICH GERNE EINMAL KOCHEN?

Da gibt es so einige ... Auf der anderen Seite habe ich aber auch Angst davor. Wenn ich jetzt eine Lieblingsband hätte und nachher sind die so naja, wäre ich enttäuscht. Deswegen sollen die lieber auf uns zukommen.

WAS IST DEIN LIEBSTES KÜCHENUTENSIL?

Au, das kann ich ganz klar sagen: meine Gummilutsche! Damit kriegst du alles ausgeputzt, dann geht das mit dem Spülen auch schneller.

WIE SIEHT FÜR DICH EIN PERFEKTES KATERFRÜHSTÜCK AUS?

Bier. Ich weiß, Konterbier ist eigentlich Quatsch, aber gut.

DESSERT ODER KÄSETELLER?

Ganz klar: Dessert! Beim Käseteller könnte ja Ziegenkäse dabei sein.

GIBT ES EINE UNVERZICHTBARE ZUTAT FÜR DICH?

Butter. Sorry, liebe Veganer. Die drei Hauptzutaten für Kartoffelpüree: Butter, Butter und Butter. Paul Bocuse sagte mal: man kann Butter nur durch Butter ersetzen.

WELCHE SPEISEKARTENFLOSKEL NERVT DICH?

Was mich ganz besonders nervt, dass alles gekennzeichnet werden muss wegen der Allergene. Der Gastronom hat die Zeit gar nicht und ist in der Kreativität eingeschränkt. Also eine wechselnde Tageskarte, die man kreativ halten möchte, das schafft man einfach nicht. Wenn ein Allergiker ein Problem hat, geht er ja eh zum Koch und sagt das, dann richtet man sich danach. Ich finde es irgendwie unsäglich, wenn die Speisekarte nur noch aus einzelnen Worten besteht, weil man cool sein möchte. Einfach drei Hauptzutaten aufschreiben, dann soll ich mir vorstellen, was ich auf dem Teller hab.

BITTE VERVOLLSTÄNDIGE DEN SATZ: „DIE MIKROWELLE IST ..."

... nicht so schlimm, wie alle immer sagen. Ich wette, die anderen Köche sagen genau das Gegenteil. Die ruckelt die Moleküle aneinander, damit was warm wird. Das ist manchmal praktisch.

HAST DU EINEN GANZ BESONDEREN TIPP FÜR NACHWUCHSKÖCHE?

Ich gebe erstmal der Gastronomie einen Tipp, die ja ganz viele Köche braucht: Man muss es hinkriegen, die Leute anständig zu bezahlen, dann sind die jungen Leute auch motivierter, diesen Job zu lernen. Und es ist ein toller und schöner Job, aber davon kann ich mir nichts kaufen. Das kann nicht reichen. Ich würde jedem raten, sich nicht entmutigen zu lassen und zu denken, das Lernen ist nach der Ausbildung vorbei – das geht immer weiter. Das sagt dir jeder alte Koch kurz vor dem Tod auch.

WOVON WIRST DU IM DSCHUNGEL SATT?

Bevor ich verhungern würde, würde ich womöglich einen Insektenburger essen, aber soweit bin ich noch nicht.

HIMBEERSAHNE „AUF DIE HAND"

ZUBEREITUNGSZEIT ca. 10 Minuten ⊗ *GLUTENFREI*

2/3 **Sahne**
1/3 **Fruchtpüree**
   Puderzucker nach Geschmack
1 Prise **Salz**

1 Himbeerpüree zubereiten: Himbeeren auftauen, pürieren und durch ein Sieb streichen.

2 Alle Zutaten mischen und in einen Sahnebereiter/Sahnespender füllen.

3 Einen großen Tupfen davon direkt auf den Handrücken geben. Etwas Schokolade darüber reiben und genießen!

MARIA GROß

backt

REKA'S LIEBLINGSGERICHT

KÄSEKUCHEN

*in der **BACHSTELZE** in Erfurt*

09

SOUS CHEFIN REKA

*Zu den Leibspeisen von **REKA** gehört Käsekuchen. Die quirlige 16-Jährige ist immer aktiv, sei es bei der Leichtathletik, im Ballett oder im Winter beim Skifahren. Sie übernachtet gerne bei Freunden und geht mit Begeisterung auf Reisen. Dabei ist immer ihre Monoflosse im Gepäck, denn wie eine Meerjungfrau durch das Wasser zu gleiten, ist einfach das Größte!*

FOOD
=
LOVE

est. 2003

BACHSTELZE-SALAT

„HERBSTLICHES GRÜNZEUG"

***

ZUTATEN für 2 Personen, *ZUBEREITUNGSZEIT* ca. 15 Minuten ⊗ *GLUTENFREI*

SALAT

1/2	**Herbstrübe**
1	**Topinambur**
1 Stange	**Sellerie**
1	**Zitrone**
3	**Feigen**
100-150 g	**junger Spinat**
1/2	**Granatapfel**

VINAIGRETTE

1/2	**Zitronenschale, abgerieben**
1	**Zitrone, gepresst**
5-7 El	**Olivenöl**
	Salz
	Zucker

1 Stangensellerie in dünne Scheibchen schneiden, Herbstrübe schälen und in dünne Scheiben raspeln, Topinambur ebenfalls in dünne Scheibchen raspeln, Spinat waschen.

2 Die Feigen jeweils in 6 Teile schneiden, den Granatapfel aufbrechen und die Kerne entnehmen.

3 Spinat, Feigen, Sellerie, Topinambur und Herbstrübchen in einer Schüssel vermischen, Zitronenschale darüber reiben.

4 Die Vinaigrette aus Zitronensaft, Olivenöl, Salz, Zucker und etwas Wasser anrühren und über den Salat gießen und vermischen.

5 Zum Schluss in einem Schüsselchen anrichten und mit den Granatapfelkernen dekorieren.

LANDSCHWEIN-KARREE

MIT HERBSTLICHEM GEMÜSE

ZUTATEN *für 2 Personen,* *ZUBEREITUNGSZEIT* *ca. 45 Minuten*

2 Scheiben **Landschwein-Karree,**
ca. 3 cm dick,
z. B. vom Iberico-Schwein
2 EL **Butter**
frischer Rosmarin
frischer Salbei
Maldon-Salz

SAUCE
200 ml **Portwein**
200 ml **Sahne**
50 ml **Sojasauce (süß)**
Pfeffer
Salz

GEMÜSE
3 **Topinambur**
2 **Herbstrüben**
1 Stange **Sellerie**
1 **Zitrone**
Salz
Zucker
etwas Knoblauch, gehackt
1/4 **Muskatnuss, gerieben**
1/2 **Granatapfel**

1 Zuerst das Karree in Raps- oder Sonnenblumenöl kurz von beiden Seiten anbraten, in eine feuerfeste Form geben und mit Butter dünn bestreichen, mit einigen Salbei-Blättern und Rosmarin-Zweigen aromatisieren und bei 120 °C ca. 30 Minuten im Ofen garen.

2 Topinambur halbieren bzw. in große Stücke zerteilen, Stangensellerie in ca. 3 cm lange dünne Stifte schneiden, Herbstrüben schälen und in Würfel schneiden.

3 Topinambur in einer Pfanne von allen Seiten in Öl anbraten, etwas Wasser und Salz zugeben und solange braten, bis er weich ist – öfters wenden, immer wieder Wasser zugeben.

4 Sellerie und Herbstrüben in Öl anbraten und mit einer Prise Salz, frischer Muskatnuss (gerieben), einer Prise Zucker und etwas gehacktem Knoblauch abschmecken.

5 Für die Sauce Portwein, Sahne und Sojasauce aufkochen und auf dem Herd ca. 15 Minuten reduzieren. Abschmecken, evtl. mit Salz und Pfeffer nachwürzen.

6 Zum Schluss, wenn die Beilagen und die Sauce fast fertig sind, das Fleisch nochmal in der heißen Pfanne nachrösten, etwas Butter dazu und beim Anrichten mit Maldon-Salz verfeinern. Den Fleischsaft auffangen und über das Gemüse geben.

7 Das Gemüse aus der Pfanne nehmen, zusammen mit der Topinambur anrichten, mit der abgeriebenen Zitronenschale verfeinern und mit den Granatapfelkernen dekorieren.

TIPP *Ein paar Blätter vom Bachstelze-Salat eignen sich wunderbar als Deko.*

MARIA GROẞ

IM INTERVIEW

Maria Groß machte in einem Berliner Gourmetrestaurant ihre Ausbildung zur Köchin. Anschließend war sie in mehreren Anstellungen in der Schweiz tätig, bevor sie in die Nähe ihrer Heimat nach Erfurt zurückkehrte und dort als Küchendirektorin des Kaisersaals unter anderem für das Gourmet-Restaurant „CLARA" zuständig war. 2013 erkochte sie ihren ersten Michelin-Stern und wurde Deutschlands jüngste Sterneköchin. Gemeinsam mit ihrem Lebensgefährten hat sich Maria Groß einen Traum erfüllt und führt seit 2015 das Restaurant „Bachstelze" im Erfurter Stadtteil Bischleben unter ihrem Label „MariaOstzone". Die Fernsehköchin ist regelmäßig in verschiedenen Kochshows als Jurorin, Köchin oder Kochcoach zu sehen.

— *mariaostzone.de* —

HAST DU EIN LIEBLINGSKOCHBUCH?

Nein, ich habe viele Kochbücher geschenkt bekommen, aber ein Lieblingskochbuch habe ich nicht.

WAS IST DEIN ABSOLUTES LIEBLINGSGERICHT?

Spaghetti mit Tomatensauce. Wenn du Stress hast, einfach ein paar Spaghetti kochen – da geht für mich immer noch der Himmel auf.

WAS WAR DEIN ABSOLUTES LIEBLINGSGERICHT IN REKAS ALTER?

Auch schon Spaghetti Napoli

GIBT ES ETWAS, BEI DEM DU AUF GAR KEINEN FALL WIDERSTEHEN KANNST?

Generell bei gutem Wein und gutem Essen, bei leckeren schönen Dingen. Ich habe keine Selbstdisziplin, die geht mir völlig ab.

WER KOCHT BEI DIR ZUHAUSE?

Wir gehen meistens essen oder bestellen auch mal Pizza. Wenn doch mal gekocht wird, dann macht das mein Partner.

GIBT ES ETWAS, DAS DU AUCH AUS DER DOSE ESSEN WÜRDEST?

Geschälte Tomaten und Tomatenmark. Prinzipiell ist aber davon abzuraten. Es ist halt komisch, dass Lebensmittel darin jahrelang haltbar sind, aber wenn du Wasser reinfüllst, rostet die Dose in kürzester Zeit.

WAS HÄLTST DU FÜR EINE KULINARISCHE TODSÜNDE?

Wenn man sich nur von Junkfood ernährt. Man kommt nicht immer ganz dran vorbei, aber jeder kann sich ordentliches Essen leisten. Eier, Milch, Äpfel und Hefe sind so billig, dass die Bauern nicht überleben können. Da kann man alles daraus machen.

FÜR WEN WÜRDEST DU UNHEIMLICH GERNE EINMAL KOCHEN?

Wolfram Siebeck war ein Restauranttester. Ich habe früher gehofft, er adoptiert mich und ich kann dann sein Erbe antreten und in tolle Restaurants reisen. Oder Roger Willemsen, aber der ist leider auch schon tot.

WELCHE SPEISEKARTENFLOSKEL NERVT DICH?

Auf – von – zu ... das ist mir alles zu viel.

WAS IST DEIN LIEBSTES KÜCHENUTENSIL?

Ein schönes Messer und eine Raffel – so eine feine Zitronenreibe

GIBT ES EINE UNVERZICHTBARE ZUTAT FÜR DICH?

Salz. Ich würze gerne. Ich liebe Salz und Zucker! Mit Salz, Zucker und Cayenne kann man eigentlich überleben.

WAS IST DEINE KULINARISCHE TRAUMDESTINATION?

Ich kenne ja nicht die Welt, aber ich habe die Schweiz sehr gerne. Du kannst in einer Vielfalt prima essen, egal ob du eine Pizza, ein Tatar, ein geiles Risotto oder Schickimicki-Deluxe möchtest, die Schweiz hat einfach Ahnung von gutem Essen.

DEIN TIPP IN SACHEN „RESTE-ESSEN"?

Man muss Lebensmittel einfach wohl dosiert harmonisch zusammenfügen. Ich merke das immer bei „Grill den Profi", da gibt es diesen Improvisations-Gang. Das sind Zutaten, wenn du die liest, dann denkst du: Igitt! Aber wenn du dann kein Vollidiot bist, kriegst du es hin, eine gewisse Harmonie zwischen Dingen herzustellen, bei denen du eigentlich denkst, das geht gar nicht. Aber die Dosis macht bekanntlich das Gift.

DESSERT ODER KÄSETELLER?

Beides

WIE SIEHT FÜR DICH EIN PERFEKTES KATERFRÜHSTÜCK AUS?

Fettig – Weißmehl – Fleisch

BITTE VERVOLLSTÄNDIGE DEN SATZ: „DIE MIKROWELLE IST …"

… für mich ein No-Go.

HAST DU EINEN GANZ BESONDEREN TIPP FÜR NACHWUCHSKÖCHE?

Durchhaltevermögen. Und sich auch mal verbal prügeln lassen.

WOVON WIRST DU IM DSCHUNGEL SATT?

Ich habe mir schon überlegt, die sollten bei dem Format doch mal einen Koch einstellen. Zum Beispiel, wenn die Kandidaten eine Prüfung schaffen, könnten sie mich gewinnen, und ich koche dann was für die Gruppe, natürlich mit Zutaten von dort. Mit ein paar Gewürzen geht das, Eintopf geht mit allem. Wenn du so gedarbt hast, bist du eh bereit, alles zu essen.

BACHSTELZE-KÄSEKUCHEN

ZUBEREITUNGSZEIT *ca. 20 Minuten,* **BACKZEIT** *ca. 90 Minuten*

Springform Ø 26 cm

BODEN

1	Ei
3 EL	Speiseöl
3 gehäufte EL	Mehl
1/2 TL	Backpulver
1 gehäufter EL	Zucker
2 EL	Wasser

KÄSEKUCHEN-FÜLLUNG

250 g	Butter
5	Eier
250 g	Sauerrahm
250 g	Magerquark
250 g	Zucker
2 gehäufte EL	Stärke

1 Die Zutaten für den Boden verrühren und den Teig in die Springform geben. 7 - 10 Minuten auf 180 °C vorbacken, aus dem Ofen nehmen und etwas abkühlen lassen.

2 Die Butter in einem Topf erhitzen und so lange köcheln lassen, bis die Molke darin beginnt zu „verbrennen". Die Butter sollte bernsteinfarben sein. Die flüssige Butter durch ein Haarsieb in ein kleines Gefäß abseihen.

3 Die restlichen Zutaten verrühren, die goldbraune Butter zuletzt zufügen und unterrühren.

4 Die Masse auf den vorbereiteten Boden gießen und bei 150 °C (Heißluft) mindestens 1,5 Stunden backen.

TIPP

Die Butter solange aufkochen, bis sie goldbraun wird und einen nussigen Geschmack bekommt.

ROLAND TRETTL #10

kocht

TIM'S LIEBLINGSGERICHT
PALATSCHINKEN
*am TV-Set von **VOX „FIRST DATES"** in Köln*

SOUS CHEF TIM

*Es lebe der Sport! Der Spruch könnte glatt von **TIM** stammen. Da bleibt fürs Essen fast keine Zeit. Bei Salatschüssel denkt Tim halt eher an die letzte Meisterschaft seines VfB Stuttgart und als Meeresfrüchte gelten für ihn die verschiedenen Pokale und Medaillen, die er als erfolgreicher Schwimmer schon ergattert hat.*

Und wenn er mal keinen Sport treibt, dann dressiert Tim eben seinen Hund „Buddy" oder – versuchsweise – seine kleine Schwester. Das alles zusammen macht dann doch ein wenig hungrig. Gut, dass der 19-Jährige jetzt von einem Profi schon mal lernen kann, sich selbst zu verpflegen.

est. 2003

GAZPACHO

ZUTATEN *für 4 Personen,* **ZUBEREITUNGSZEIT** *ca. 20 Minuten*

1	rote Paprika
1	gelbe Paprika
300 g	reife Tomaten
200 g	Wassermelone
1/2	Zwiebel
1	Knoblauchzehe
2 Scheiben	Toastbrot
60 g	Olivenöl
1	Salatgurke
10 Blätter	Basilikum
1	Zitrone, gepresst und Zesten
4 EL	Weißweinessig
	Salz
	etwas Chili

1 Die Paprika entkernen. Alles, was zum Schneiden geht, in grobe Stücke schneiden und mit den anderen Zutaten vermischen. Falls es das Wetter zulässt, alles 3 Stunden in der Sonne stehen lassen.

2 Dann alles fein mixen. Die Gazpacho soll eiskalt serviert werden.

TIPP

Dazu passen Brotcroûtons, Avocado, Pinienkerne, Hummer, Frischkäse, gekochte Eier und vieles mehr.

Für noch mehr Frische im Leben

Die beste Gazpacho

(da ich während dem schreiben koche und deshalb fettige Finger habe, bitte ich Tippfehler zu entschuldigen)

Eine rote Paprika
Eine gelbe Paprika
300g Reife Super Tomaten
200g Wassermelone
1/2 Zwiebel
Eine Knoblauchzehe
2 Scheiben Toastbrot
60g Olivenöl
Eine Salatgurke
10 Blätter Basilikum
Saft und Zeste einer Zitrone
4 El Weissweinessig
Salz, etwas Chili

Die Paprikas entkernen, alles in grobe Stücke schneiden was zum schneiden gehtund mit den anderen Zutaten vermischen
Falls es das Wetter zulässt alles 3 Stunden in der Sonne stehen lassen

Dann alees fein miXxen.
Die Gazpacho soll eiskalt serviert werden!
Dazu passen Brotcroutons, Avocado Pinienkeren Hummer, Frischkäse gekochte Eier und vieles mehr.

Genuss ist jede Sünde wert!!!

Roland Trettl

FONTINA-KARTOFFELNOCKEN

MIT PERLZWIEBELN

ZUTATEN für 4 Personen, **ZUBEREITUNGSZEIT** *ca. 75 Minuten*

KARTOFFELNOCKEN

500 g	mehlige Kartoffeln
100 g	Mehl
75 g	Butter
125 g	Ricotta
100 g	Parmesan
150 g	geriebene Walnüsse
250 g	Fontina-Käse
75 ml	Sahne
4 EL	Parmesan
2 EL	Schnittlauch
	Muskat
	Salz
	Pfeffer

PERLZWIEBELN

30	Perlzwiebeln
60 g	Butter
5 EL	Balsamico-Essig
150 ml	Molke
	Salz
	Pfeffer
1	Steinpilz
4	Walnüsse

TIPP *Kräuterseitlinge passen außerhalb der Saison wunderbar als Steinpilz-Alternative.*

1 Die Kartoffeln in der Schale weichkochen, schälen und pressen. Mit Mehl, Butter, Ricotta, Parmesan, geriebenen Walnüssen, Salz und Pfeffer zu einem Teig verarbeiten und eine Stunde kaltstellen.

2 Den Fontina und die Sahne unter ständigem Rühren erwärmen, nicht kochen. Mit Pfeffer abschmecken und ebenfalls eine Stunde kaltstellen. Anschließend aus der Käsecrème ca. 3 cm große Kugeln formen.

3 Den Kartoffelteig auf einer großzügig bemehlten Arbeitsfläche 0,5 cm dick ausrollen. Die Kugeln einzeln mit einem Stück Kartoffelteig ummanteln und zu Nocken formen. Diese 4 Minuten in leicht gesalzenem Wasser köcheln lassen. Schnittlauch hacken, Parmesan reiben und durchmischen. Die Nocken durch die Parmesan-Schnittlauchmischung wälzen.

4 Die Perlzwiebeln schälen und in Butter hellbraun anrösten. Mit Balsamico-Essig ablöschen und anschließend die Molke hinzugeben. Salzen und pfeffern. Die Zwiebeln ca. 15 Minuten bei niedriger Temperatur abgedeckt schmoren lassen.

5 Den Steinpilz in hauchdünne Scheiben schneiden und die Walnüsse vierteln.

6 Die Perlzwiebeln mit dem Sud in die Teller geben und die Käsenocken draufsetzen. Mit den Steinpilzscheiben und Walnüssen anrichten.

ROLAND TRETTL

IM INTERVIEW

Roland Trettl legte sich zunächst als Eishockeyspieler, DJ und Bademeister ins Zeug, bevor er in seiner Heimat Bozen eine Ausbildung zum Koch machte. Danach durfte er zunächst unter Aufsicht und später als „rechte Hand" von Eckart Witzigmann verschiedene Stationen der Spitzengastronomie kennenlernen. Er sammelte unter anderem in München, auf Mallorca und in Tokio Erfahrungen, um später als Executive Chef das Restaurant „Ikarus" im Hangar-7 in Salzburg zu übernehmen. Dort realisierte er mit den besten Köchen aus aller Welt das wohl aufregendste Restaurantkonzept der Welt. Roland Trettl ist Familienvater, Kochbuchautor, wirkt in vielen unterschiedlichen TV-Formaten mit und hilft mit seiner Erfahrung und guten Ideen Gastronomen als Optimierer.

— roland-trettl.com —

HAST DU EIN LIEBLINGSKOCHBUCH?
Nein

WAS IST DEIN ABSOLUTES LIEBLINGSGERICHT?
Wenn ich mich für ein Leibgericht entscheiden muss, schränkt mich das ein - und ich hasse Einschränkungen. Es gibt so viele schöne Dinge auf dieser Welt. Was bringt es, wenn ich sage, Knödel sind mein Leibgericht? Wenn ich auf Sizilien bin und aufs Meer rausschaue, dann kann der Knödel noch so gut sein, dann wird in diesem Moment mein Leibgericht etwas anderes sein als der Knödel. Wenn ich um vier in der Früh aus einem Club rausgehe, was ich nicht mehr mache, dann wird was anderes mein Leibgericht sein als am Abend im feinen Restaurant. Es gibt einfach Gerichte, die passen zum Land, zum Klima, zur Uhrzeit, zur Stimmung.

GIBT ES ETWAS, BEI DEM DU AUF GAR KEINEN FALL WIDERSTEHEN KANNST?
Bei Gerichten, die mit einwandfreien Lebensmitteln und mit Liebe gekocht worden sind.

WER KOCHT BEI DIR ZUHAUSE?
Wer zuerst in der Küche steht, der kocht – meine Frau oder ich, sogar der fünfjährige Sohn schon. Wir kochen alle sehr gerne – aber niemals gemeinsam. Und das hat nichts mit der Größe der Küche zu tun.

WAS KOMMT AUF GAR KEINEN FALL IN DEINEN TOPF?
Lebensmittel, die mich emotional nicht berühren und die die Industrie zu sehr künstlich verarbeitet hat.

GIBT ES ETWAS, DAS DU AUCH AUS DER DOSE ESSEN WÜRDEST?
Ja, da gibt es im Norden Spaniens so Anchovis, Muscheln, Seeigel. Ich habe nichts gegen Dosen oder TK-Lebensmittel, aber sie müssen immer hochwertig sein.

WAS IST DEIN LIEBSTES KÜCHENUTENSIL?
Mein Herz und mein Kopf.

GIBT ES EINE UNVERZICHTBARE ZUTAT FÜR DICH?
Salz

WAS HÄLTST DU FÜR EINE KULINARISCHE TODSÜNDE?

Sich über alles, was man isst, zu viele Gedanken zu machen. Je mehr du denkst, um so weniger kannst du genießen.

FÜR WEN WÜRDEST DU UNHEIMLICH GERNE EINMAL KOCHEN?

Für den lieben Gott. Ich würde fragen, ob es in Ordnung ist, wie alles hier unten entglitten ist.

WELCHE SPEISEKARTENFLOSKEL NERVT DICH?

Was mich total nervt, sind Kinderspeisekarten, so Micky Maus und Donald Duck und so. Ich glaube, die Kinder sind nicht so blöd, wie sie da verkauft werden. Sie essen nicht Fischstäbchen, weil die Moby Dick heißen. Das verabscheue ich.

WIE SIEHT FÜR DICH EIN PERFEKTES KATERFRÜHSTÜCK AUS?

Ich habe keinen Kater.

DESSERT ODER KÄSETELLER?

Zuerst Käse und dann Dessert

BITTE VERVOLLSTÄNDIGE DEN SATZ: „DIE MIKROWELLE IST …"

… in meiner Küche komplett sinnlos.

WAS IST DEINE KULINARISCHE TRAUMDESTINATION?

Ich möchte mich eigentlich auch hier nicht einschränken. Ich finde Japan sehr spannend, aber auch das Mediterrane …

DEIN TIPP IN SACHEN „RESTE-ESSEN"?

Man sollte beim Kochen nie Angst haben vor irgendwelchen Dingen und einfach ausprobieren. Das ist mein Tipp. Also einfach zusammenmischen und sich nicht so viele Gedanken machen, dann wird's schon klappen.

HAST DU EINEN GANZ BESONDEREN TIPP FÜR NACHWUCHSKÖCHE?

Seid geduldig, tätigt einen Schritt nach dem anderen, greift gerne nach den Sternen – aber haltet euch immer vor Augen, dass ihr viele Jahre arbeiten müsst. Es macht viel mehr Spaß zu arbeiten, wenn man viele Jahre lang Erfahrung gesammelt hat.

MARILLEN-PALATSCHINKEN

ZUTATEN *für 4 Personen,* **ZUBEREITUNGSZEIT** *ca. 15 Minuten*

PALATSCHINKEN

200 g	Weizenmehl
200 ml	Milch
3	Bio-Eier
1/2	Vanillestange
1/2	Zitrone
	Salz
	Butter

MARILLEN-MANDEL-MISCHUNG

200 g	Marillen-Marmelade
60 g	ganze Mandeln
100 g	Butter
	Puderzucker

1 Die Mandeln grob hacken und in einer Schüssel unter die Marillen-Marmelade rühren.

2 Für die Nussbutter etwa die Hälfte der Butter in einem kleinen Topf erhitzen und leicht bräunen.

3 Mehl, Milch, Nussbutter, das Mark der Vanillestange und den Abrieb der Zitrone mit einer Prise Salz zu einem Teig glattrühren.

4 Die Eier aufschlagen und nur noch leicht unter den Teig heben.

5 Die Palatschinken in der heißen Pfanne mit reichlich Butter auf beiden Seiten goldgelb anbraten.

6 Jetzt die Marillen-Mandel-Mischung darauf verteilen, einrollen und mit etwas Puderzucker bestäuben.

TIPP

Selbstgemachte Marmelade ist natürlich nicht zu toppen. Bei gekaufter Marmelade auf mindestens 70 % Fruchtanteil achten, dann ist sie noch geschmackvoller.

SIMON TRESS #11

kocht

ANNA'S LIEBLINGSGERICHT

LINSEN MIT SPÄTZLE

*im Bio-Restaurant **ROSE** in Hayingen auf der Schwäbischen Alb*

SOUS CHEFIN ANNA

*Mit gerade einmal 4 ½ Jahren ist **ANNA** mit Sicherheit der jüngste Assistent, den Simon Tress bislang in seiner Küche begrüßen durfte. Dabei ist Wirbelwind Anna selbst schon fast ein Profi, „bekocht" sie doch gerne ihre kleinen Schwestern Mara und Paula in der Kinderküche. Nudel-Fan Anna war schnell vom gemeinsamen Gericht „Linsen mit Spätzle" begeistert, erst recht, weil die Spätzle natürlich handgeschabt wurden. Für Anna eine willkommene Gelegenheit, die Hälfte der Zutaten gleich einmal vorab zu verputzen.*

est. 2003

ACKERSALAT MIT SPECK

KARTOFFELDRESSING UND CROÛTONS

*ZUTATEN für 4 Personen, **ZUBEREITUNGSZEIT** ca. 20 Minuten*

SALAT

300-400 g	**Ackersalat**
125 g	**Sonnenblumenöl**
150 g	**Kartoffeln**
150 g	**Mineralwasser**
3 EL	**Weißweinessig**
100 g	**Speck, geraucht**
50 g	**Butter**
2 Scheiben	**Dinkelbrot**
1 Zehe	**Knoblauch**
2 Zweige	**Thymian**
	Zucker
	Salz
	Pfeffer

TIPP *Ohne Speck, und statt der Butter ein wunderbares Sonnenblumenöl, dann ist der Salat vegan.*

1 Einen Topf mit Wasser und etwas Salz zum Kochen bringen. Die Kartoffeln schälen und in kleine Würfel schneiden, 10 Minuten in das kochende Wasser geben, bis sie schön weich sind.

2 Die weichgekochten Kartoffeln in ein etwas höheres Gefäß geben, damit sie gut gemixt werden können.

3 Das Mineralwasser, den Apfelessig und das Sonnenblumenöl zu den Kartoffeln geben und alles zusammen fein pürieren. Zum Schluss je nach Belieben mit Salz, Pfeffer und etwas Zucker abschmecken.

4 Den Speck in kleine Würfel schneiden und in einer Pfanne samt der Butter ausbraten. Wenn die Speckwürfel schön kross sind, das Fett absieben und in die Pfanne zurückgießen. Die Speckwürfel auf ein Tuch legen, damit sie schön kross bleiben.

5 Das Dinkelbrot in grobe Würfel schneiden und die Knoblauchzehe halbieren. Thymian, Knoblauch und das Dinkelbrot in die Pfanne mit dem Fett vom Speck legen, alles zusammen gut verrühren und ausbraten. Zum Schluss mit Salz und Pfeffer würzen.

6 Den Ackersalat gut waschen und mit einer Salatschleuder trocknen, damit nicht zu viel Wasser am Ackersalat haftet. Den Salat in eine Schüssel geben, das Kartoffeldressing darüber gießen und die Croûtons samt den Speckwürfeln darauf verteilen.

ALBLINSEN MIT SPÄTZLE

UND SAITENWÜRSTLE

ZUTATEN für 4 Personen, ZUBEREITUNGSZEIT ca. 40 Minuten

LINSEN

40 g	**Butter**
40 g	**Mehl**
I	**mittelgroße Zwiebel, fein gewürfelt**
1/2	**Karotte, fein gewürfelt**
I l	**Wasser**
400 g	**Linsen**
1/2 Zehe	**Knoblauch, fein gehackt**
I Msp.	**Wacholderbeeren, gemahlen**
I TL	**Tomatenmark**
5 EL	**Balsamicoessig**
75 g	**Speck, geraucht und gewürfelt**

SPÄTZLE

250 g	**Mehl**
4	**Eier**
etwas	**Butter**
	Salz
	Pfeffer
5 EL	**Butter**
5 EL	**Semmelbrösel**

SAITEN

4 Paar	**Saitenwürstle, vom Metzger des Vertrauens**

1 Die Butter in einem Topf mit den Zwiebelwürfeln goldbraun anschwitzen, das Mehl hinzugeben und alles gut zusammen verrühren, bis es eine bräunliche „Brenne" gibt. Mit dem Wasser nach und nach ablöschen und die Karotten samt den Linsen hinzugeben, alles zusammen für 25 Minuten langsam köcheln lassen.

2 Nach der Zeit den Knoblauch, die Wacholderbeeren, das Tomatenmark, den Balsamicoessig sowie den geräuchten Speck hinzugeben. Zum Schluss je nach Belieben mit Salz und Pfeffer verfeinern und kurz weiterköcheln lassen.

3 Das Mehl in eine Schüssel geben und die Eier nach und nach langsam einschlagen, den Teig so lange schlagen, bis er Blasen wirft und eine glatte Masse ist. Zum Schluss ein bisschen Salz hinzugeben.

4 Wasser und etwas Salz in einem Topf zum Kochen bringen.

5 Den Teig flach auf ein Holzbrett streichen und mit einer flachen Palette in dünnen Streifen ins Wasser streichen. Das Brett ab und an ins Wasser tunken, damit der Teig besser vom Brett geht.

6 Die Spätzle kurz aufkochen; wenn sie an der Oberfläche schwimmen, mit einer Schöpfkelle herausnehmen und in kaltes Wasser geben.

7 Jetzt im noch heißen „Spätzles–Wasser" die Saitenwürstle erwärmen.

8 Butter und Semmelbrösel in einem Topf zu einer „Schmelze" schmelzen lassen, zum Schluss noch etwas Salz hinzugeben.

9 In einem Topf die Spätzle mit etwas Butter und einem Esslöffel Wasser nochmal erhitzen, je nach Belieben etwas Salz oder Pfeffer hinzugeben, in eine Schüssel geben und die Schmelze darüber verteilen.

TIPP

Alblinsen mit Spätzle, eines unserer allerliebsten Nationalgerichte, kann man auch sehr gut mit einem geräuchten und gebratenen Schweinebauch servieren. Einfach den geräuchten Bauch in Scheiben schneiden und in einer Pfanne mit etwas Öl ausbraten.

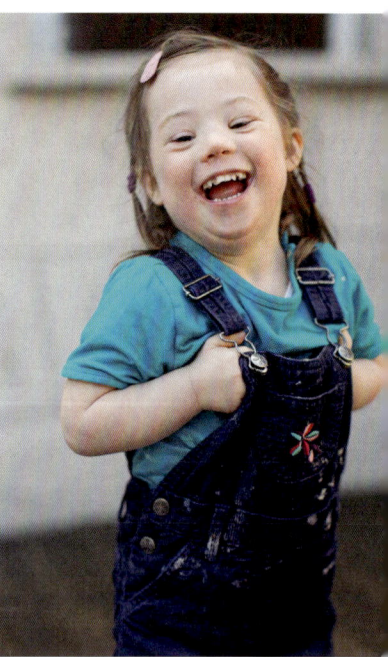

SIMON TRESS

IM INTERVIEW

Simon Tress ist Deutschlands bekanntester Bio-Koch und offizieller Genussbotschafter des Landes Baden-Württemberg. Der Bio-Spitzenkoch, Fernsehkoch, Kochbuchautor und Leiter von Kochkursen wurde 2017 vom Schlemmer Atlas für das beste Nachhaltigkeitskonzept ausgezeichnet. Nach einigen Stationen in der Spitzengastronomie und Erfolgen mit der deutschen Jugend-Nationalmannschaft der Köche, zog es Simon Tress wieder zurück auf die Schwäbische Alb. Das Familienunternehmen hat sich vom klassischen Demeter-Bauernhof zu einem mittelständischen Bio-Unternehmen weiterentwickelt und ist eine der wichtigsten Adressen in Sachen Bio-Küche und Kochkompetenz. Tress ist davon überzeugt, dass guter Geschmack und feinster Genuss nur mit Lebensmitteln von bester biologischer Qualität zu erreichen sind. Sein Motto: „Respekt vor Mensch, Natur und Tier."

tress-gastronomie.de

HAST DU EIN LIEBLINGSKOCHBUCH?

Leider nein. Ich habe zu Hause ungefähr 220 Kochbücher, die liebe ich alle. Ich liebe die Bücher, weil es ums Kochen geht, und ich liebe die Bilder. Und die sind alle gut gemacht.

WAS IST DEIN ABSOLUTES LIEBLINGSGERICHT?

Ich habe gerne den Wurstsalat von meiner Oma gegessen, das war der weltbeste Wurstsalat. Sie hat so eine tolle Marinade gemacht, die war süß und sauer zugleich, und das war das Gute daran. Viele machen den Wurstsalat zu sauer. Ich kriege ihn nicht ganz so gut hin wie meine Oma, esse ihn aber trotzdem noch gerne. Aber es muss ein Schweizer Wurstsalat mit Käse sein, wenigstens eine vegetarische Komponente sollte schon dabei sein.

WAS WAR DEIN ABSOLUTES LIEBLINGS-GERICHT IN ANNAS ALTER?

Pfannkuchen habe ich immer geliebt. Nach der Schule haben wir immer zuerst in der Küche vorbeigeschaut. Die Küche war wie mein Wohnzimmer, da waren meine Mama und meine Oma, und da gab es immer ganz leckere Pfannkuchen mit einem richtig guten „Gsälz" drin.

GIBT ES ETWAS, BEI DEM DU AUF GAR KEINEN FALL WIDERSTEHEN KANNST?

Ich esse ja alles, aber bei Schokolade kann ich nicht widerstehen.

WER KOCHT BEI DIR ZUHAUSE?

Meine Frau. Am Anfang hat sie mal einen Rinderrücken gemacht, der war gar nichts. Danach hat sie ein halbes Jahr nicht mehr kochen dürfen. Aber jetzt kann sie das richtig gut – fast besser als ich. Aber wir holen auch mal eine Pizza und machen uns einen Salat dazu.

WAS KOMMT AUF GAR KEINEN FALL IN DEINEN TOPF?

Gänseleber, Hummer – alles, was kein Mensch braucht.

GIBT ES ETWAS, DAS DU AUCH AUS DER DOSE ESSEN WÜRDEST?

Es ist wirklich schlimm, aber ich bestelle beim Italiener immer die Pizza Hawaii, obwohl ich weiß, dass das die schlimmste Pizza ist, die es gibt. Der übelste Schinken und die Ananas aus der Dose – aber die liebe ich halt. Aber für solche Fälle habe ich immer meine Anti-Bio-Tabletten dabei.

Ihr sad wundubar!!
Eur ...

DIE WELT
IST GRÜN

DANKE ANNA FÜR DEN TOLLEN TAG!

WAS HÄLTST DU FÜR EINE KULINARISCHE TODSÜNDE?

Wenn ich um jeden Preis einem Gast etwas servieren muss, und darauf keinen Einfluss mehr habe. Das ist leider oft in der Sternegastronomie so, aber ich möchte keine Gänseleber und keinen Hummer servieren. Aber wenn man in diesem Rad mal drin ist, dann muss man so funktionieren.

FÜR WEN WÜRDEST DU UNHEIMLICH GERNE EINMAL KOCHEN?

Eigentlich gibt es zwei – aber ihr dürft nur den einen aufschreiben, sonst kriege ich Ärger. Ich würde gerne für Jogi Löw kochen.

WAS IST DEIN LIEBSTES KÜCHENUTENSIL?

Mein kaputter Schneebesen. Wobei – damit kann man halt kein Fleisch wenden.

WAS IST DEINE KULINARISCHE TRAUMDESTINATION?

Spanien

DEIN TIPP IN SACHEN „RESTE-ESSEN"?

Kleinere, bedachte Portionen machen. Und sollte doch mal was übrigbleiben, dann schlage ich mir ein Ei darüber. Das heißt bei uns „Katzengschrei".

WELCHE SPEISEKARTENFLOSKEL NERVT DICH?

Man muss da immer unterscheiden, kommen eher jüngere Gäste oder auch mal ältere. Wenn man in so einen Hotspot geht, dann steht da nur Sauerampfer – Karotte – usw. Die Karte sollte einfach immer für die entsprechenden Gäste gut sein, da gibt es kein richtig oder falsch.

WIE SIEHT FÜR DICH EIN PERFEKTES KATERFRÜHSTÜCK AUS?

Am besten mit dem weitermachen, mit dem man aufgehört hat. Oder Rühreier.

BITTE VERVOLLSTÄNDIGE DEN SATZ: „DIE MIKROWELLE IST ..."

... eine Katastrophe.

DESSERT ODER KÄSETELLER?

Dessert

HAST DU EINEN GANZ BESONDEREN TIPP FÜR NACHWUCHSKÖCHE?

Ausdauer, Respekt (auch vor dem, was man macht), Geduld und Vertrauen. Und genau schauen, wo man etwas lernen kann. Man kann heute ja aussuchen, wo man hin möchte.

WOVON WIRST DU IM DSCHUNGEL SATT?

Also, mit so Dschungeltieren kann ich mich nicht anfreunden, da wäre ich dann lieber Vegetarier. Vielleicht Pesto von ... irgendwas.

APFELKÜCHLE MIT VANILLESAUCE

ZUTATEN *für 4 Personen,* **ZUBEREITUNGSZEIT** *ca. 15 Minuten*

VANILLESAUCE

250 g	Sahne
125 g	Milch
2 EL	Rohrzucker
5 Msp.	Vanille
2	Eigelb
2 EL	Stärke
1 TL	Honig

APFELKÜCHLE

100 g	Mehl
2	Eier
50 g	Milch
1 EL	Zucker
1	Apfel, groß
	Öl zum Frittieren
	Zucker, gemahlen zum Bestreuen

TIPP

Zu den Apfelküchle passt auch super ein Vanilleeis. Ich mag es gerne mit einem hausgemachten Minzpesto. Nehmt einfach einen halben Bund Minze, 1 EL geröstete Pinienkerne, 4 EL Sonnenblumenöl und 1 EL Zucker. Alles zusammen mixen und über das Eis geben.

1 Sahne, Milch, Rohrzucker und Vanille in einen Topf geben und alles zusammen einmal kurz aufkochen lassen. Eigelb, Stärke und Honig in einer Schüssel verrühren und langsam in die Milchmasse einrühren. Alles zusammen langsam erhitzen, bis die Masse an Bindung gewinnt. Anschließend vom Herd ziehen und stehen lassen.

2 Das Mehl mit dem Ei, der Milch und dem Zucker zu einem Teig verrühren.

3 Den Apfel schälen, das Kerngehäuse ausstechen und in 8 gleichmäßige Scheiben schneiden.

4 Das Öl zum Frittieren erhitzen.

5 Die Apfelscheiben durch den Teig ziehen und langsam in dem Fett ausbacken, bis die Apfelküchle goldbraun und schön gebacken sind. Anschließend aus dem Fett nehmen und auf einem Papiertuch abtropfen lassen.

6 Die Apfelküchle auf die Teller verteilen und mit etwas gemahlenem Zucker bestreuen, die Sauce angießen und servieren.

CORNELIA POLETTO

kocht

ALEX' LIEBLINGSGERICHT
SPAGHETTI

#12

in der **CUCINA CORNELIA POLETTO** in Hamburg

SOUS CHEF ALEX

ALEX *(17) ist ein durch und durch leidenschaftlicher Typ. Ob er hinterm Schlagzeug sitzt, sich auf dem Fußballplatz austobt oder mal eben die Küche durcheinanderwirbelt: Meistens ist er mit Begeisterung bei der Sache und lebt ganz im Augenblick. Auch sein Humor ist unschlagbar. Egal ob er Papa beim X-Box-Spielen auflaufen lässt, einen Mr. Bean-Sketch nachspielt oder selbst irgendeinen schrägen Witz gemacht hat – sein Lachen ist unwiderstehlich. Von so einem Typ lässt man sich natürlich gerne anstecken.*

est. 2003

MINESTRONE

MIT SALSA VERDE

---

*ZUTATEN für 4 Personen, **ZUBEREITUNGSZEIT** ca. 30 Minuten* ⊗ **GLUTENFREI**

MINESTRONE

1,5 l	Gemüsebrühe
1 kg	verschiedene Gemüse der Saison
	z. B.: grüner Spargel
	Staudensellerie
	Lauchzwiebeln
	Bundmöhren
	kleine Zucchini
	Zuckerschoten
	gepulte Erbsen
	Saubohnen
	Palbohnen oder
	Cannellinibohnen, gekocht
	kleine Kartoffel, gekocht
	und in Spalten geschnitten

SALSA VERDE

4 EL	Schnittlauchröllchen
4 EL	glatte Petersilie, fein geschnitten
1	unbehandelte Zitrone, abgerieben
1	Sardellenfilet, fein gehackt
1 TL	Kapern, fein gehackt
80 ml	bestes Olivenöl
1 EL	heller Balsamico
	Fleur de Sel
	Pfeffer, frisch gemahlen

1 Das untere Ende des Spargels schälen. Den Staudensellerie schälen und Fäden ziehen. Die äußere Haut des Frühlingslauchs entfernen. Alles in schräge Stücke von ca. 3 cm Länge schneiden. Die Zucchini längs vierteln, die Bundmöhren schälen und je nach Dicke längs vierteln oder halbieren. Beides in Rauten schneiden. Die Fäden der Zuckerschoten ziehen und quer halbieren.

2 Alle Gemüse nach und nach „al dente" blanchieren und in Eiswasser abschrecken.

3 Von den Saubohnen die dünne Haut entfernen.

4 Für die Salsa Verde alle Zutaten, bis auf das Salz und den Essig, miteinander verrühren.

5 Erst kurz vor dem Servieren mit Salz, Pfeffer und Balsamico abschmecken.

6 Das blanchierte Gemüse, die Kartoffeln und Bohnen in die heiße Brühe geben, erhitzen und in vorgewärmten Tellern anrichten. Mit der Salsa Verde servieren.

SPAGHETTI

MIT KIRSCHTOMATENFONDUE UND BOCCONCINI

ZUTATEN für 4 Personen, ZUBEREITUNGSZEIT ca. 25 Minuten

400 g	Spaghetti
4 Stangen	Frühlingslauch
1	Knoblauchzehe
	Peperoncini nach Geschmack
2 EL	bestes Olivenöl
12	Kirschtomaten vom Strauch
	Zucker
4	getrocknete Tomatenfilets in Öl
1 EL	Taggiasca-Oliven
100 ml	Tomatensauce
8	Basilikumblätter, fein geschnitten
4 Stiele	Estragon, fein geschnitten
200 g	Bocconcini
	Pink Salt Flakes
	Pfeffer, frisch gemahlen

1 Die Spaghetti in reichlich kochendem Salzwasser „al dente" garen.

2 Den Frühlingslauch waschen und in Ringe schneiden. Den Knoblauch pellen und in feine Scheiben schneiden. Die Kirschtomaten waschen, halbieren und den Blütenansatz herausschneiden. Die Tomatenfilets in Streifen schneiden, die Oliven halbieren. Den Frühlingslauch mit den Knoblauchscheiben in Olivenöl anschwitzen, die Kirschtomaten dazugeben, leicht würzen mit Zucker, Salz und Peperoncini.

3 Die Tomatensauce angießen, einmal aufkochen, die Tomatenstreifen, Oliven und Kräuter dazugeben, nochmals abschmecken.

4 Die Spaghetti durch ein Sieb abgießen und mit der Tomatensauce durchschwenken.

5 Die Bocconcini darauf setzen und mit Pink Salt Flakes und Pfeffer würzen.

CORNELIA POLETTO

IM INTERVIEW

Die (Fernseh-)Köchin, Unternehmerin, Moderatorin und Kochbuchautorin machte bei Deutschlands erfolgreichstem Spitzenkoch Heinz Winkler eine Ausbildung zur Köchin. Als Sous Chefin im Hamburger Sternerestaurant „Anna & Sebastiano" lehrte Anna Sgroi sie anschließend die Raffinesse der italienischen Küche. 2000 eröffnete Cornelia Poletto ihr eigenes Restaurant „POLETTO", wo sie bereits im zweiten Jahr einen Stern im Guide Michelin bekam. 2006 erhielt Cornelia Poletto den Eckart-Witzigmann-Preis für Innovation, Nachwuchsgastronomie und Nachwuchsförderung. 2011 eröffnete das „CORNELIA POLETTO" in Hamburg. Mit einem innovativen Gastro-Konzept verwirklichte sie sich ihren Traum von einem Feinkostladen mit angeschlossenem Restaurant. 2013 eröffnete sie zudem ihre eigene Kochschule, die „Cucina Cornelia Poletto" und ist kulinarischer Kopf der Dinnershow „PALAZZO" in Hamburg.

— cornelia-poletto.de —

HABEN SIE EIN LIEBLINGSKOCHBUCH?

Polettos Kochschule

WAS IST IHR ABSOLUTES LIEBLINGSGERICHT?

Spaghetti Vongole – Spaghetti mit kleinen Venusmuscheln. Das ist übrigens auch das Lieblingsessen meiner Tochter.

WAS WAR IHR ABSOLUTES LIEBLINGSGERICHT IN ALEX´ ALTER?

Als ich 16 war, hatte ich eine Freundin, mit der ich jeden Tag irgendeinen Kuchen oder Plätzchen oder was auch immer gebacken habe. Und das muss man dann natürlich auch aufessen, das ist ja klar.

GIBT ES ETWAS, BEI DEM SIE AUF GAR KEINEN FALL WIDERSTEHEN KÖNNEN?

Lakritz

WER KOCHT BEI IHNEN ZUHAUSE?

Leider auch ich.

WAS HALTEN SIE FÜR EINE KULINARISCHE TODSÜNDE?

Parmesan über die Spaghetti Vongole.

GIBT ES ETWAS, DAS SIE AUCH AUS DER DOSE ESSEN WÜRDEN?

Tomatenmark oder geschälte Tomaten aus Süditalien für Tomatensauce. Ansonsten fällt mir nichts ein.

FÜR WEN WÜRDEN SIE UNHEIMLICH GERNE EINMAL KOCHEN?

Ich wollte immer gerne für Eckart Witzigmann kochen und mittlerweile habe ich das geschafft. Dem habe ich auch schon meine Spaghetti Vongole gemacht, das war sehr, sehr gut. Und eigentlich wollte ich auch schon immer einmal für Alex kochen.

WAS KOMMT AUF GAR KEINEN FALL IN IHREN TOPF?

Fertiggerichte, so etwas gibt es bei uns nicht.

GIBT ES EINE UNVERZICHTBARE ZUTAT FÜR SIE?

Also, bei mir im Kühlschrank ist immer ein Stück Parmesan, der geht immer. Wenn man sonst nichts zuhause hat, geht der alleine, wenn man etwas würzen möchte, gibt er ganz viel Geschmack. Parmesan muss man immer dahaben.

WAS IST IHRE KULINARISCHE TRAUMDESTINATION?

Für mich ist das noch immer Tokio. Ich hatte schon mal alles gebucht und dann kam Fukushima dazwischen, das hat dann leider nicht geklappt. Aber das steht ganz oben auf meiner Liste.

IHR TIPP IN SACHEN „RESTE-ESSEN"?

Reste-Essen ist mit Pasta super. Jeden Bratenrest, den man noch vom Vortag hat, kann man wunderbar mit Sauce, frischem Gemüse und Nudeln durchschwenken.

WELCHE SPEISEKARTENFLOSKEL NERVT SIE?

Was ich nicht mag, das ist diese total verschnörkelte „Erklärerei" von Gerichten. Ich finde besser: Spaghetti – Tomate – Mozzarella.

HABEN SIE EINEN GANZ BESONDEREN TIPP FÜR NACHWUCHSKÖCHE?

Als allererstes braucht man die eigene Liebe zum Essen. Denn ein Koch kann nie ein guter Koch werden, wenn er nicht selbst gerne isst.

WAS IST IHR LIEBSTES KÜCHENUTENSIL?

Das ist meine Pinzette, sozusagen meine Armverlängerung.

DESSERT ODER KÄSETELLER?

Immer Käse

BITTE VERVOLLSTÄNDIGEN SIE DEN SATZ: „DIE MIKROWELLE IST ..."

... die schlechteste Erfindung, seit es Kochen gibt.

WOVON WERDEN SIE IM DSCHUNGEL SATT?

Also, was man im TV so vom Dschungel sieht und hört, finde ich ganz schlimm. Man kommt da aber einfach nicht drum herum. Wirklich auf sich selbst gestellt zu sein und sich von komischen Tieren, Knospen, Wurzeln oder Rinde zu ernähren, die man noch nie gegessen hat, stelle ich mir spannend vor. Oder geröstete Ameisen.

POLETTO'S BEERENTIRAMISU

ZUTATEN für 6 - 8 Personen, *ZUBEREITUNGSZEIT* ca. 20 Minuten
(plus mindestens 2 Stunden Kühlzeit)

600 g	gemischte und geputzte Beeren (Himbeeren, Brombeeren, Heidelbeeren, Johannisbeeren, Erdbeeren)
100 g	Vollrohrzucker
200 ml	roter Johannisbeersaft
100 ml	Orangensaft
1 Stück	Zimtrinde
1	Sternanis
1 Stück	Langer Pfeffer
2	Eigelb
50 g	Puderzucker
1	Vanillestange
1/2	Zitrone
1/2	Limette
500 g	Topfen
250 g	abgetropfter Ricotta
200 g	geschlagene Sahne
200 g	Löffelbiskuits
100 g	Amarettini
	Kakaopulver oder Puderzucker
	einige Minzspitzen

1 Den Zucker in einer Pfanne mit einem Schuss Wasser karamellisieren. Mit dem Johannisbeersaft ablöschen. Die Vanilleschote längs halbieren und auskratzen. Das Mark beiseite stellen und die Schote mit den restlichen Gewürzen in den Sud geben. Orangensaft zufügen. Den Sirup um gut die Hälfte einkochen lassen, passieren und die Beeren mit etwas Sirup marinieren.

2 Das Eigelb mit dem Puderzucker und dem Vanillemark schaumig schlagen. Den Topfen und den Ricotta unterrühren und mit dem Abrieb und dem Saft von Zitrone und Limette abschmecken. Die Sahne vorsichtig unterheben.

3 Die Löffelbiskuits im restlichen Sirup wenden und den Boden einer Form damit auslegen. Die Hälfte der Ricotta-Creme darauf streichen und die marinierten Beeren und die Hälfte der Amarettini darüber bröseln. Die restliche Creme darauf streichen und mit einer Schicht Beeren und gebröselten Amarettini abschließen.

4 Für mindestens 2 Stunden mit Folie bedeckt in den Kühlschrank stellen.

5 Nach Belieben mit Kakaopulver oder Puderzucker vorm Servieren bestäuben und mit Minze garnieren.

MIKE SÜSSER

kocht

TAMARA'S LIEBLINGSGERICHT
FRÜHLINGSROLLEN

in **MIKE'S KOCHSTUDIO** *bei Feichtinger, Scharnstein, Österreich*

#13

SOUS CHEFIN TAMARA

Fernseh-Koch meets Nachwuchsschauspielerin. So kann man das am besten zusammenfassen, schließlich kennen viele die 22-jährige **TAMARA** *aus Kino- und TV-Produktionen. Wenn die Kameras dann mal aus sind, entspannt Tamara mit ihrer Klarinette, auf dem Trampolin oder einem Pferderücken. Oder sie taucht einfach im nächsten Schwimmbad unter. Bevor sie jetzt aber gleich wieder verschwindet, um ihr Reisefieber auszuleben und die Welt kennenzulernen, darf sie erst einmal einen Zwischenstopp in der Küche von Mike Süsser einlegen und ihren Lieblingsfummel in Pink gegen eine Kochschürze eintauschen. Und Action!*

THUNFISCH-FRÜHLINGSROLLEN

MIT WASABI-MAYONNAISE

ZUTATEN für 2 Personen, *ZUBEREITUNGSZEIT* ca. 30 Minuten

THUNFISCH-FRÜHLINGSROLLEN

- **1 kleine Dose Thunfisch natur, abgetropft (den Saft auffangen)**
- **1 EL Koriander oder Petersilie, fein gehackt**
- **1/2 Avocado, geschält, klein gewürfelt**
- **1 EL klein gewürfelte rote Paprikaschote**
- **1 TL eingelegter Ingwer, fein gehackt (die Flüssigkeit auffangen)**
- **1 Spritzer Zitronensaft**
- **Meersalz**
- **Pfeffer, frisch gemahlen**

- **4 Blatt Frühlingsrollenteig**
- **Eiweiß zum Bestreichen**
- **Basilikum- und Minzeblättchen**
- **Pflanzenöl zum Ausbacken**

WASABI-MAYONNAISE

- **100 g Mayonnaise**
- **Wasabipulver**
- **Meersalz**
- **Pfeffer, frisch gemahlen**
- **1 Spritzer Zitronensaft**

1 Den Thunfisch mit Koriander oder Petersilie, Avocadowürfeln, Paprika, Ingwer und Zitronensaft in einer Schüssel mischen und mit Salz und Pfeffer abschmecken. Die Frühlingsrollenteigblätter ausbreiten und mit Eiweiß bestreichen, dann gleichmäßig mit der Thunfischmasse belegen. Jeweils 2 – 3 Basilikum- und Minzeblätter auf die Füllung legen. Die Teigblätter zu Röllchen einwickeln, dabei die Enden einschlagen. Die Frühlingsrollen in heißem Öl etwa 1 Minute hellbraun ausbacken, dann auf Küchenpapier abtropfen lassen.

2 Das Wasabipulver mit wenig aufgefangenem Saft des Thunfischs und des eingelegten Ingwers anrühren. Die entstandene grüne Wasabipaste unter die Mayonnaise rühren und nach Geschmack mit Salz, Pfeffer und etwas Zitronensaft abrunden.

TIPP

Bei der Wasabi-Mayonnaise entscheidet Euer Gaumen, wie scharf es werden darf. Zuerst nur wenig Wasabipulver einrühren, probieren und nach Bedarf noch etwas nachgeben.

Hierzu passen ein schöner frischer Sprossensalat und Kresse

Rezept stammt aus dem Buch **Süsser, was kochen wir heute? von Mike Süsser (AT Verlag)*

HÜHNCHENSPIESSE

ZUTATEN *für 4 Personen*, **ZUBEREITUNGSZEIT** *ca. 90 Minuten*

HÜHNCHENSPIESSE
2 Hühnerbrüste
I TL Currypulver
2 - 3 TL Zucker
200 ml Sojasauce
I Dose Kokosmilch
I TL gemahlener Koriander
1/2 TL gemahlener Kreuzkümmel
2 Stängel Zitronengras, fein geschnitten
I TL Ingwer, frisch gerieben
2 Knoblauchzehen,
fein geschnitten
I unbehandelte Limette,
Saft und abgeriebene Schale
2 TL Pflanzenöl

ERDNUSS-SAUCE
restliche Marinade der Hühnerbrüste
200 g Erdnüsse
Salz
Zucker

GURKENSALAT
1/2 Salatgurke
30 ml Weißweinessig
50 g Zucker
Meersalz oder normales Salz
2 Schalotten, in Streifen
geschnitten
I rote Chilischote, entkernt,
fein gehackt, ersatzweise
etwas Sambal Oelek

ZUM GARNIEREN
I EL Koriander, fein gehackt

1 Die Hühnerbrüste in Scheiben schneiden. Die restlichen Zutaten bis auf das Pflanzenöl zu einer Marinade verrühren und das Huhn darin 15 Minuten marinieren. Anschließend aus der Marinade nehmen und die Marinade beiseitestellen. Die Hühnchenscheiben in einer Grillpfanne in dem erhitzten Pflanzenöl braten. Erst dann auf Holzspieße stecken.

2 Die restliche Marinade in den Mixer geben. Gesalzene Erdnüsse waschen, um sie vom Salz zu befreien, kurz mit Küchenpapier trockentupfen. I Esslöffel zum Dekorieren beiseitestellen. Die restlichen Erdnüsse zu der Marinade geben und alles gut durchmixen. Die Sauce in einen Topf geben und zu einer leicht dicklichen Sauce einkochen. Abschmecken und eventuell mit Salz und Zucker nachwürzen.

3 Die Salatgurke waschen und ungeschält in I cm große Würfel schneiden. Den Weißweinessig mit Zucker, Salz, Schalottenstreifen und gehackter Chili zu einer Marinade verrühren und unter die Gurkenwürfel mischen.

4 Die Erdnuss-Sauce über die Hühnchenspieße geben. Mit den restlichen Erdnüssen und dem Koriander bestreuen. Den Gurkensalat extra dazu reichen.

TIPP *Am besten ungesalzene Erdnüsse, ersatzweise gesalzene aus dem Snack-Regal. Schmeckt auch spitze vom Grill. Achtung: Dafür die Holzspieße vorher 30 Minuten wässern – sie verbrennen dann nicht so schnell!*

*Rezept stammt aus dem Buch **Süsser, was kochen wir heute?** von Mike Süsser (AT Verlag)*

MIKE SÜSSER

IM INTERVIEW

Mike Süsser machte eine Kochausbildung und lernte die Gourmetküche kennen, um danach Erfahrungen an den verschiedensten Orten wie Hamburg, Fuerteventura, Davos, Madeira und Salzburg zu sammeln. Er lebt in Österreich und machte sich 2004 selbstständig mit „Mike´s Koch & Eventstudios", 2008 gründete er die „MI.T. Gastro Management GmbH". Als Fernsehkoch war er bei den „Kochprofis" zu sehen, hat eine eigene Kochshow und ist in diversen TV-Formaten zu sehen. Außerdem ist er Familienvater, Show-Koch, Kochbuchautor, gibt Kochkurse und ist tätig als Botschafter der Karlheinz-Böhm-Stiftung „Menschen für Menschen" und engagiert sich für das Projekt „Spitzenköche für Afrika".

—————— *mike-suesser.com* ——————

HAST DU EIN LIEBLINGSKOCHBUCH?

Nein – ich habe mehrere. Ich stöbere gerne in älteren Kochbüchern rum. Es ist auch wichtig zu sehen, was die Kollegen machen, und sich weiterzubilden. Ich bin kein guter Buch-Leser, die einzigen Bücher, die ich lese, sind Kochbücher oder mal ein Krimi.

WAS IST DEIN ABSOLUTES LIEBLINGSGERICHT?

Ich habe drei. Ich liebe Kohlrouladen, ich liebe Rindsrouladen, ich liebe Spaghetti Bolognese. In der Neuzeit-Küche mit Auszeichnung mag ich die schöne Handschrift von Kollegen, die viel geschafft haben, oder asiatisch. Und ab heute natürlich auch Tamaras Frühlingsrollen.

WAS WAR DEIN ABSOLUTES LIEBLINGSGERICHT IN TAMARAS ALTER?

Da war ich gerade in Amerika und bin auf den Geschmack von guten Steaks gekommen.

WAS KOMMT AUF GAR KEINEN FALL IN DEINEN TOPF?

Ich mag keine Innereien. Ich kann das alles kochen und essen, aber ich mag das nicht. Ich habe das immer wieder probiert – das ist einfach nicht meines. Auch Austern mag ich nicht.

WER KOCHT BEI DIR ZUHAUSE?

Eigentlich alle. Ich koche zuhause auch immer noch gerne, auch wenn ich eine stressige Zeit habe. Ich freue mich immer, wenn ich den Kühlschrank ausräumen kann. Früher hat mein Sohn immer gesagt: Mama kocht viel besser. Aber heute sagt er schon mal: Lass Papa machen.

GIBT ES ETWAS, DAS DU AUCH AUS DER DOSE ESSEN WÜRDEST?

Ich liebe den Dosenpfirsich. Also, wer hat denn als Kind nicht gerne Dosenpfirsich gegessen? Ich habe mir immer die kompletten Hälften in den Mund geschoben. Natürlich mag ich frischen Pfirsich viel lieber, aber wenn irgendwo ein Dosenpfirsich rumliegt, schieb ich mir den immer noch rein und freue mich wie früher.

FÜR WEN WÜRDEST DU UNHEIMLICH GERNE EINMAL KOCHEN?

Für die Klitschko-Brüder, ich bin Box-Fan. Die Frau nenne ich nicht, sonst kriege ich Ärger.

WELCHES IST DEIN LIEBSTES KÜCHENUTENSIL?

Ich mag den Thermomix sehr gerne.

WAS HÄLTST DU FÜR EINE KULINARISCHE TODSÜNDE?

Zu urteilen, welches Lebensmittel hoch- und welches minderwertig ist, die Kartoffel ist mir genauso wichtig wie der Trüffel. Und wenn Menschen mit Lebensmitteln nicht vernünftig umgehen. Woanders auf dem Erdball verhungern Menschen, und dann kann ich nicht akzeptieren, wenn Leute zu viel wegschmeißen oder damit rumalbern. Ich habe selbst mehrmals Äthiopien besucht. Und vor allem sollten wir Köche uns nicht so wichtig nehmen. Wir leben in einem Zeitalter, in dem der Friedens-Nobelpreis-Träger heute genannt wird und morgen weiß keiner mehr, wie er heißt. Und einen Koch kennt jeder? Das sind verschobene Wahrheiten. Wir unterhalten und entertainen – aber mehr Wichtigkeit sollte man uns nicht zuordnen.

WELCHE SPEISEKARTENFLOSKEL NERVT DICH?

Unter – über – auf – im ...

DESSERT ODER KÄSETELLER?

Käse

WAS IST DEINE KULINARISCHE TRAUMDESTINATION?

Asien – wenn ich Zeit hätte, würde ich nach Vietnam, Thailand, Indonesien reisen. Da kann ich die Sonne genießen, in der Badehose rumlaufen und immer essen und das Gefühl haben, ich werde nicht dicker.

DEIN TIPP IN SACHEN „RESTE-ESSEN"?

Frühlingsrollen – du kannst eigentlich alles in diesen Frühlingsrollen-Teig rein verarbeiten. Zum Beispiel Hackfleisch, Bolognese, Geflügelfleisch. Da kannst du alles drin verstecken, es schmeckt immer gut.

GIBT ES EINE UNVERZICHTBARE ZUTAT FÜR DICH?

Die Eckpfeiler sind Salz, Zucker, Pfeffer, Essig, Zitrone – alles andere ist ein Rezept. Und kochen fängt da an, wo das Rezept aufhört.

BITTE VERVOLLSTÄNDIGE DEN SATZ: „DIE MIKROWELLE IST ..."

... Sch(...)e zum Anschauen, bescheuert zum Arbeiten und ungesund für den Körper.

HAST DU EINEN GANZ BESONDEREN TIPP FÜR NACHWUCHSKÖCHE?

Es ist nicht so leicht, einen Tipp zu geben in unserer Berufssparte. Der Beruf ist auf jeden Fall super schön, man lernt tolle Menschen kennen, kann international arbeiten, aber man sollte sich wirklich mit dem Thema auseinandersetzen, dass Gastronomie an Tagen stattfindet, wo andere feiern. Und wer was werden will, muss sich dem stellen.

WIE SIEHT FÜR DICH EIN PERFEKTES KATERFRÜHSTÜCK AUS?

Neues Bier aufreißen und Schnaps ins Gesicht – fertig.

WOVON WIRST DU IM DSCHUNGEL SATT?

Im Dschungel ist mir zu viel Ungeziefer, da will ich nicht hin. Auf eine einsame Insel würde ich eine Kuh, ein scharfes Messer und eine Flasche Gin mitnehmen. Die Kuh esse ich häppchenweise, da komme ich ein paar Wochen über die Runden, mit dem Alkohol desinfiziere ich mich, mit dem Messer schnitze ich die Kokosnuss und die Kuh. Sorry – ich bin Fleischesser.

AJVAR-LINSEN-BOLOGNESE

ZUTATEN *für 2 - 3 Personen,* **ZUBEREITUNGSZEIT** *ca. 30 Minuten*

1 Zwiebel, fein gewürfelt
1 Knoblauchzehe,
    mit etwas Salz fein zerdrückt
2 EL Olivenöl
1 Bund Suppengrün, geschält bzw.
    gewaschen, klein gewürfelt
    Meersalz
    schwarzer Pfeffer, frisch
    gemahlen
    Zucker
3 - 4 EL Ajvar
1 EL Tomatenmark
1 EL frischer Oregano, grob gehackt,
    ersatzweise getrockneter
    Oregano
80 ml Rotwein
250 ml Brühe
80 g rote Linsen

PASTA
200 g Bandnudeln
    Salz
    Olivenöl
60 g Parmesan, einige Späne mit
    dem Sparschäler abgehobelt,
    Rest fein gerieben
2 Basilikumspitzen,
    Blättchen abgezupft

1 Zwiebel und Knoblauch in dem erhitzten Olivenöl kurz andünsten. Das klein geschnittene Suppengrün bis auf den Lauch dazugeben, mit Salz, Pfeffer und etwas Zucker würzen. Ajvar, Tomatenmark und Oregano zugeben und kurz mitrösten; erst jetzt den Lauch zugeben. Mit Rotwein und Brühe aufgießen, dann die Linsen zugeben, kurz aufkochen und zugedeckt bei mittlerer Hitze etwa 20 Minuten garen. Dabei ab und zu umrühren. Abschmecken und eventuell nachwürzen.

2 Zwischenzeitlich die Bandnudeln in reichlich gut gesalzenem Wasser bissfest kochen. Abgießen, dabei etwas Kochwasser beiseitestellen. Die Nudeln in eine Schüssel geben, etwas von dem Kochwasser, einige Spritzer Olivenöl und den geriebenen Parmesan unterheben, bis die Pasta eine leicht cremige Konsistenz hat.

3 Die Ajvar-Linsen-Bolognese über die Pasta geben. Mit Parmesanspänen und Basilikumblättchen bestreut servieren.

TIPP *Rote Linsen haben eine kurze Garzeit, da sie geschält sind. Sie enthalten wenig Fett und sind reich an Eiweiß und Kohlenhydraten – also ein top Sportler-Gericht!*

*Rezept stammt aus dem Buch **Süsser, was kochen wir heute?** von Mike Süsser (AT Verlag)*

TORSTEN MICHEL #14

kocht

MIKA'S LIEBLINGSGERICHT

RINDERFILET

im HOTEL TRAUBE TONBACH

SOUS CHEF MIKA

*Ob **MIKA** wusste, als es in die gute (Schwarzwald-) Stube hineinging, dass Torsten Michel 3 Sterne hat, „sein" VfB Stuttgart aber nur einen?*
Gut, dem bekennenden Beatles-Fan sind Sterne nicht ganz so wichtig, Hauptsache, es kommt Fleisch auf den Teller. Schließlich braucht man für Fußball, Schwimmen und Leichtathletik jede Menge Power. Diesen Gefallen tat Koch-Coach Michel dem 18-Jährigen mit einem Rinderfilet gerne.
Die Rede ist von Stroganoff – oder ist das jetzt am Ende doch der neue VfB-Verteidiger?

est. 2003

TOURNEDOS VOM POMMERSCHEN RINDERFILET „STROGANOFF"

MIT GESCHWENKTEN STEINPILZEN UND MILDER SENFKÖRNERJUS, GEBACKENEN KARTOFFELSTÄBEN UND ROTE BETE-SALAT

ZUTATEN für 4 Personen, *ZUBEREITUNGSZEIT* ca. 2 - 3 Stunden (plus Ruhezeiten), ⊗ *GLUTENFREI*

RINDERFILET

4	Tournedos vom Rinderfilet (à 120 g)
	Salz
	Pfeffer aus der Mühle
30 g	geklärte Butter
30 g	frische Butter
1 Zweig	Rosmarin
1 Zweig	Thymian
½	Knoblauchzehe
½	Schalotte

GARNITUR

120 g	Filetspitzen
50 g	Rote Bete
50 g	Cornichons
40 g	Steinpilzwürfelchen
15 g	Schalottenbrunoise
30 g	geklärte Butter

1 Das Rinderfilet parieren und 4 Tournedos herausschneiden. Von der Filetspitze 120 g für die Garnitur reservieren. Die Steaks würzen und in einer beschichteten Pfanne in der geklärten Butter von beiden Seiten 2 Minuten anbraten. Danach für 6 Minuten in den 180 °C heißen Ofen geben. Dabei öfter mit der heißen Butter übergießen. Für 6 - 8 Minuten warm gestellt ruhen lassen. Kurz vor dem Anrichten in der Bratpfanne mit der frischen Butter und den Aromaten nachbraten. Gegebenenfalls nochmals nachwürzen.

2 Die Filetspitzen, die Rote Bete und die kleinen Cornichons fein würfeln. In einer heißen, beschichteten Pfanne die gewürzten Filetwürfel rasch und scharf sautieren, herausnehmen, auf einem kleinen Teller bereithalten. Die Bratbutter wieder erhitzen und die Steinpilzwürfel zugeben. Kurz danach die Schalottenwürfelchen zugeben. Beides sanft braten, bis beides gar ist. Auf einem Teller bereithalten.

STEINPILZE

- 120 g kleine Steinpilze
- 30 g geklärte Butter
- 15 g frische Butter
- Salz
- Pfeffer aus der Mühle
- 1 Spritzer Weißwein
- 1 TL Knoblauchpetersilie
- 1 TL Schalottenbrunoise
- 1 Zitrone
- 4 EL Trüffelglace

SAUCE

- 60 ml alter Barooessig
- 400 ml Kalbsjus
- 1 EL Knoblauchpetersilie
- 1 TL Maille-Senf (scharf)
- 1 TL Pommery-Senf
- 100 ml Geflügelfond
- Salz
- Pfeffer aus der Mühle
- 10 g frische Butter
- 1 EL geschlagene Sahne

KARTOFFELRAD

- 400 g Kartoffeln
- 30 g geklärte Butter
- Salz

ROTE BETE

- 500 g Rote Bete, klein
- 50 g Schalottenringe
- 3 g Kümmelsamen
- 5 g Senfkörner
- 4 g Koriandersamen
- 4 g Sternanis
- 1 Lorbeerblatt
- 1 g Pfefferkörner, weiß

3 Die geputzten Steinpilze kurz vor dem Servieren in einer heißen Pfanne anbraten, die Schalottenbrunoise zugeben und mit dem Weißwein kurz ablöschen. Mit Salz und Pfeffer würzen und die Knoblauchpetersilie unterschwenken. Mit etwas abgeriebener Zitronenschale vervollständigen. Auf einem Teller mit Küchenkrepp die Bratbutter auffangen und nach dem Anrichten mit etwas Trüffelglace nappieren.

4 Die Pfanne von den geschwenkten Pilzwürfeln mit etwas Geflügelfond ablöschen und danach die Kalbsjus zugeben. Aufkochen lassen und zu einer sämigen Konsistenz köcheln. Durch ein feines Mikrosieb passieren und mit dem Senf und dem Essig abschmecken. Eine kalte Butterflocke montieren und zwei Drittel der Sauce in einer Sauciere reichen. Dem verbleibenden Drittel etwas Geflügelfond zugeben und nochmals kurz aufkochen. Darin die angebratenen Filetwürfelchen, die Rote Bete und die Cornichons kurz aufkochen lassen. Mit einem Esslöffel geschlagener Sahne fertigstellen.

5 Für die Kartoffelräder die Kartoffeln schälen und in 1,5 mm dicke Scheiben schneiden. Diese mit einem 3 cm Ausstecher ausstechen. In leicht gesalzenem Wasser kurz blanchieren, abschrecken und auf einem Küchenkrepp abtropfen lassen. Mit Hilfe eines Anrichterings auf Backpapier vier 8 cm breite Kartoffelräder legen und bei mittlerer Hitze mit geklärter Butter langsam krossbraten. Mit Salz würzen und warm gestellt bereithalten.

6 Die Rote Bete waschen. Darauf achten, dass die Haut nicht verletzt wird. Mit den anderen Zutaten in einen entsprechenden Topf geben und garkochen. Ist dies erreicht, die Rote Bete in dem Fond auskühlen lassen. Danach vorsichtig schälen und die Bete in die passende Form tournieren.

HIMBEERESSIG-MARINADE

75 g	Frühstücksspeck
75 g	Schalottenbrunoise
¼	Knoblauchzehe
125 ml	Rote-Bete-Fond
75 ml	Geflügelfond
10 ml	Himbeeressig
1 EL	Balsamicoessig
1 EL	Sojasauce „Tamari"
10 ml	Walnussöl
10 ml	Olivenöl
35 ml	Traubenkernöl

SALAT-GARNITUR

4 kleine	Chicorée
1 kleiner	Trevisano
	etwas Frisée und
	gelber Löwenzahn
4	eingelegte Perlzwiebelchen
1	Apfel „Topas"
	Salz
	Pfeffer, frisch gemahlen
	Zucker

APFELESSIG-VINAIGRETTE

30 ml	Apfelessig
30 ml	Geflügelfond
1 EL	Honig
200 ml	Walnussöl
1 Zweig	Thymian
1/2 Zweig	Rosmarin
3	Wacholderbeeren
1/2	Lorbeerblatt
1/2	Knoblauchzehe
	Salz
	Pfeffer, frisch gemahlen

7 Den Frühstücksspeck grob klein schneiden und in einer Sauteuse auslassen und langsam kross anbraten. Die Schalotten und den Knoblauch zum Ende hin mit zugeben. Den passierten Kochfond von der Bete und den Geflügelfond zugeben und auf circa 30 ml reduzieren lassen. Durch ein Mikrosieb passieren und mit den anderen Zutaten eine Salatsauce herstellen.

8 Die verschiedenen geputzten und gewaschenen Blattsalate trockenschleudern. Die eingelegten Perlzwiebelchen in dünne Ringe schneiden und diese einzeln in eine kleine Schüssel zu den Würfeln vom „Topas"-Apfel geben. Mit der Apfelessig-Vinaigrette marinieren. Die Rote Bete mit etwas von der Himbeeressigmarinade anmachen und in einer kleinen Schale anrichten. Mit den Salatspitzen vervollständigen und mit den Äpfeln und den Schalottenringen garnieren.

9 Alle Zutaten für die Apfelessig-Vinaigrette mischen und für 24 Stunden ziehen lassen. Danach passieren und abschmecken.

EINGELEGTE PERLZWIEBELCHEN

12 Stück	geschälte Perlzwiebelchen
25 g	Zucker
50 ml	Wasser
100 ml	Noilly Prat
100 ml	Weißwein
100 ml	Wasser
	Salz
	Pfeffer aus der Mühle
1	Lorbeerblatt
5	Pfefferkörner, weiß
4	Nelken

PONT-NEUF-KARTOFFELN

1,2 kg	Kartoffeln
	Speiseöl zum Frittieren
	Salz
2 Zweige	glatte Petersilie

EIGELB-CREME

5	Eigelb, gekocht
1 EL	Crème fraîche
	etwas Gurkenwasser (Cornichons)
	Worcestersauce
	Salz
	Cayennepfeffer
	ggf. etwas Olivenöl
	Zitrone
	Schnittlauchröllchen

10 Mit dem Zucker und den 50 ml Wasser einen hellen Karamell kochen. Mit Noilly Prat ablöschen. Andere Zutaten zugeben und aufkochen. Langsam köcheln lassen, bis die Perlzwiebeln gar sind, und in dem Fond erkalten lassen. Nicht benötigte Zwiebeln lassen sich in dem Fond sehr gut im Kühlschrank lagern und können anderer Verwendung zugeführt werden.

11 Die vorwiegend festkochenden Kartoffeln waschen und schälen, in Stäbchen schneiden (2 cm breit und 8 cm lang). 10 Minuten in kaltes Wasser legen. Dann abgießen und auf einem Küchentuch trockentupfen. Das Öl zum Frittieren auf 140 °C erhitzen und die Kartoffelstäbe circa 5 Minuten vorbacken. Herausnehmen und bis zur Fertigstellung gut abtropfen lassen. Mit Salz würzen. Kurz vor dem Servieren in 175 °C heißem Fett fertigbacken. Gut abtropfen lassen und nochmals abschmecken.

12 Garnitur für die Kartoffeln: Die glatte Petersilie waschen und gut trockentupfen. Auf einem mit Klarsichtfolie bespannten Teller leicht würzen und bei 450 Watt für 3 - 4 Minuten in der Mikrowelle frittieren. Herausnehmen und auf einem Küchenkrepp weiter an einem warmen Ort trocknen lassen.

13 Die gekochten Eigelbe durch ein Sieb streichen und mit Crème fraîche anrühren. Etwas Gurkenwasser zum Abschmecken nehmen. Mit Salz und Cayennepfeffer abschmecken. Einen Spritzer Zitronensaft und Schnittlauchröllchen dazugeben.

14 Die Tournedos und die Kartoffelstäbe auf dem Teller platzieren. Die Steinpilze darunter anrichten und die Garnitur der Sauce „Stroganoff" teils auf den Tournedos, teils davor platzieren. Das Kartoffelrad nicht vergessen!

TORSTEN MICHEL

IM INTERVIEW

Torsten Michel ist Küchenchef im Restaurant „Schwarzwaldstube", das 25 Mal mit drei Michelin-Sternen ausgezeichnet wurde - öfter als jedes andere deutsche Restaurant. Er kam 2004 in den Schwarzwald ins Hotel „Traube Tonbach", wo er ab Mai 2007 Sous Chef wurde. Im April 2016 wurde er neben Harald Wohlfahrt Küchenchef, um 2017 seine Nachfolge anzutreten, was man schon als eine besondere Aufgabe bezeichnen kann. Dass er darauf bestens vorbereitet ist, hat er im November 2017 mit der Bestätigung der 3 Michelin Sterne gezeigt.

traube-tonbach.de

HABEN SIE EIN LIEBLINGSKOCHBUCH?

Nein, ich tue mich sehr schwer, mich festzulegen. Aber es gibt natürlich viele große Werke von vielen großen Köchen.

WAS IST IHR ABSOLUTES LIEBLINGSGERICHT?

Das sind die Fleischküchle von meiner Großmutter.

WAS WAR IHR ABSOLUTES LIEBLINGS-GERICHT IN MIKAS ALTER?

Es waren schon immer diese Fleischküchle.

WER KOCHT BEI IHNEN ZUHAUSE?

Meine Frau

WAS KOMMT AUF GAR KEINEN FALL IN IHREN TOPF?

Meine Devise heißt: neugierig bleiben. Etwas kategorisch nicht zu probieren, finde ich nicht gut. Beim Kochen sind mir frische, natürliche Lebensmittel wichtig – gutes Essen braucht gute Zutaten.

GIBT ES ETWAS, DAS SIE AUCH AUS DER DOSE ESSEN WÜRDEN?

Kaviar

WAS HALTEN SIE FÜR EINE KULINARISCHE TODSÜNDE?

Eigentlich gar nichts – beim Kombinieren ist erlaubt, was schmeckt. Aber die Basis muss gut sein.

FÜR WEN WÜRDEN SIE UNHEIMLICH GERNE EINMAL KOCHEN?

Da fällt mir niemand Bestimmtes ein. Außer vielleicht für die Jungs von Dynamo Dresden. Und ich bekoche unheimlich gerne unsere Gäste.

IHR TIPP IN SACHEN „RESTE-ESSEN"?

Als Koch fühle ich mich immer in der Verpflichtung, bei den Vorbereitungen genau zu schauen, dass ich gut haushalte und nichts für den Mülleimer produziert wird. Wenn bei uns zu Hause mal etwas übrig bleibt, kommen die Reste auf jeden Fall in den Kühlschrank und werden am nächsten Tag aufgewärmt und mit frischen Zutaten zu einer neuen Mahlzeit zubereitet.

WIE SIEHT FÜR SIE EIN PERFEKTES KATER-FRÜHSTÜCK AUS?

Wenn ich mal einen Kater hätte, würde ich das Frühstücken verschlafen.

DESSERT ODER KÄSETELLER?

Das ist einfach: Dessert und Käseteller!

HABEN SIE EINEN GANZ BESONDEREN TIPP FÜR NACHWUCHSKÖCHE?

Immer einen Schritt nach dem anderen. Und den Mut haben, einfach Sachen auszuprobieren.

WOVON WERDEN SIE IM DSCHUNGEL SATT?

Von dem, was mir vor die Flinte oder die Füße kommt.

BITTE VERVOLLSTÄNDIGEN SIE DEN SATZ: „DIE MIKROWELLE IST ..."

... verzichtbar für die Profiküche.

WAS IST IHRE KULINARISCHE TRAUMDESTINATION?

Wenn ich jetzt Frankreich sagen würde, dann würde ich den Genussregionen in Italien und bei uns unrecht tun. Jede Region spricht für sich, man kann überall tolle regionale Spezialitäten entdecken.

GIBT ES EINE UNVERZICHTBARE ZUTAT FÜR SIE?

Ein hervorragendes Ausgangsprodukt. Und meine Mannschaft.

WAS IST IHR LIEBSTES KÜCHENUTENSIL?

Mein Messer

META HILTEBRAND

kocht

FABIAN'S LIEBLINGSGERICHT

MIESMUSCHELN

in **META HILTEBRANDS KOCHSTUDIO** in *Zürich, Schweiz*

#15

SOUS CHEF FABIAN

*Der 17-jährige **FABIAN** ist immer auf dem Sprung. Sprich, wenn er nicht gerade zur Abwechslung Fußball spielt oder mit dem Rad unterwegs ist, dann stürzt er sich „todesmutig" vom Einmeter- oder gern auch vom Dreimeterbrett in die Fluten. Wobei nicht ganz sicher ist, ob er im Freibad auf die Muscheln gestoßen ist, die er gemeinsam mit Meta Hiltebrand auf den Tisch zaubern durfte. Wir sind gespannt, welches kulinarische Bild Puzzlefreak Fabian aus hundert Miesmuscheln, Kokos-Sauce und Focaccia zusammenbastelt. Das Auge isst schließlich mit.*

est. 2003

SAFRAN-CRÊPE-RAUCHLACHS-LOLLIES

ZUTATEN *für 8 - 10 Personen,* **ZUBEREITUNGSZEIT** *ca. 30 Minuten*

CRÊPES

50 g	Butter, flüssig
140 g	Mehl
1/2 TL	Salz
3 Briefchen	Safran
2	Eier (Größe M)
300 ml	Milch

RAUCHLACHS

16 Scheiben	Rauchlachs
1 Bund	Blattpetersilie
400 - 500 g	Frischkäse

1 Alle Zutaten zu einem cremigen Teig rühren und in einer Teflonpfanne mit wenig Öl dünne Crêpes ausbacken und auf ein Backpapier legen.

2 Die Crêpes auf die Tischplatte legen und mit Hilfe eines Spachtels gleichmäßig mit Frischkäse bestreichen, darauf ein paar Blätter von der Petersilie legen und darauf den Rauchlachs. Die Crêpes straff einrollen. Anschnitte wegschneiden und dann Taler schneiden, mit Holzspießen aufstechen und in einer Blumenvase anrichten.

TIPP *Schmeckt auch voll lecker mit Wurst oder Schinken anstelle vom Lachs. Anstatt Petersilie eignet sich auch Basilikum.*

MIESMUSCHELN

AN KOKOS-SAUCE

---

*ZUTATEN für 4 Personen, **ZUBEREITUNGSZEIT** ca. 20 Minuten ⊗ **GLUTENFREI***

MIESMUSCHELN

1,2 kg	Miesmuscheln
2 EL	Olivenöl
1	kleine Zwiebel
1/2	Mango
200 ml	Kokosmilch
1 Stange	Lemongrass, halbiert
2	Limonenblätter
	Koriander, gehackt

1 Die Muscheln wässern und aussortieren, Zwiebel und Mango würfeln. Den Topf erhitzen und im Olivenöl die Zwiebel mit der Mango dünsten, on top die Muscheln, Limonenblätter und Lemongrass dazu und sofort den Deckel für 2 Minuten schließen. Jetzt die Kokosmilch darübergeben und nochmals 2 Minuten Deckel drauf.

2 Gut mischen und fertig sind die Muscheln.

3 Nach Wunsch kurz vor dem Servieren etwas gehackten Koriander dazugeben.

TIPP *Dazu passt frisch gebackenes Mango-Chili-Focaccia.*

MANGO-CHILI-FOCACCIA

ZUTATEN für 4 Personen, *ZUBEREITUNGSZEIT* ca. 20 Minuten
BACKZEIT ca. 30 Minuten, (plus 1 Stunde Standzeit)

FOCACCIA

500 g	**Mehl**
1,5 TL	**Salz**
1 EL	**Zucker**
20 g	**Hefe, zerbröckelt**
400 ml	**Wasser, lauwarm**
2 EL	**Olivenöl**
1 EL	**Kräuter, getrocknet**
1	**Mango**
1	**Chilischote**
	Olivenöl
	Kräuter

1 Das Mehl auf die Arbeitsfläche geben, eine Mulde ins Mehl formen und alle Zutaten (Salz, Zucker, Hefe, Wasser, Olivenöl und die Kräuter) in die Mulde geben, daraus einen Teig formen und richtig gut kneten. Natürlich kann man den Teig auch in der Küchenmaschine kneten, aber von Hand macht es einfach mehr Spaß.

2 Ist der Teig fein und gut geknetet, mit einem Tuch abdecken und bei Raumtemperatur ca. 1 Stunde aufgehen lassen.

3 Jetzt den Teig nochmals kneten und auf ein Blech drapieren, ich mache die Focaccia gerne rund. Nun die geschälte Mango in Streifen schneiden und auf den Teig legen, die gehackte Chili darüber streuen und etwas Olivenöl darüber träufeln, nach Wunsch etwas getrocknete Kräuter on top.

4 Im Ofen bei 200 °C ca. 30 Minuten backen.

META HILTEBRAND

IM INTERVIEW

Meta Hiltebrand besuchte eine Kochschule in ihrer Heimat Zürich und absolvierte dort auch ihre Lehre, sammelte danach Erfahrung bei Anton Mosimann und im Restaurant „Monte-Primero" in Zürich, wo sie mit 23 die jüngste Küchenchefin der Schweiz wurde. 2011 eröffnete sie in Zürich das Lokal „Meta's Kutscherhalle", 2013 übernahm sie die zweite Lokalität, das Restaurant „Le Chef". Seit 2007 steht sie als Fernsehköchin vor der Kamera für verschiedene TV-Sendungen wie „kochen.tv", „Kitchen Impossible", „Grill den Profi" und „Küchenschlacht".

— metahiltebrand.ch —

HAST DU EIN LIEBLINGSKOCHBUCH?

Mein Lieblingskochbuch ist „Kochen Unplugged" von Christoph Brand.

WAS IST DEIN ABSOLUTES LIEBLINGSGERICHT?

Ich habe keine Lieblingsgerichte. Kochen ist mein Leben und ich unterscheide nicht zwischen Lieblingsessen und nicht. Und am allerliebsten mag ich sowieso alles, was Mama kocht.

WAS WAR DEIN ABSOLUTES LIEBLINGS-GERICHT IN FABIANS ALTER?

Zwetschgenknödel. Meine Mama macht richtig geile Zwetschgenknödel. Egal, wie oft ich die mit ihrem Rezept nachmache - ich kriege sie nicht so hin.

WER KOCHT BEI DIR ZUHAUSE?

Ich

GIBT ES ETWAS, DAS DU AUCH AUS DER DOSE ESSEN WÜRDEST?

Mais – aber ich mag eh keinen Mais, deshalb spielt es keine Rolle, ob er aus der Dose kommt. Was gar nicht geht ist Dosen-Thunfisch. Da werde ich richtig sauer, wenn das jemand öffnet.

WAS KOMMT AUF GAR KEINEN FALL IN DEINEN TOPF?

Ich bin kulinarisch sehr offen und probiere alles aus. Diese Convenience-Produkte mag ich natürlich nicht. Es gibt allerdings privat und Geschäft. Zuhause bin ich nicht ganz so perfektionistisch wie im Geschäft, denn da kommen auf gar keinen Fall irgendwelche Fertigprodukte in den Topf, auch nicht anteilig. Das wird alles frisch gemacht.

WAS HÄLTST DU FÜR EINE KULINARISCHE TODSÜNDE?

Es ist mein Küchenstil, alles auszuprobieren und zu kombinieren. Eine kulinarische Todsünde gibt es für mich nicht.

FÜR WEN WÜRDEST DU UNHEIMLICH GERNE EINMAL KOCHEN?

Da fällt mir niemand ein.

WAS IST DEIN LIEBSTES KÜCHENUTENSIL?

Mein Messer und der „Schweizer Sparschäler", der liegt anders in der Hand.

GIBT ES EINE UNVERZICHTBARE ZUTAT FÜR DICH?

Ohne Honig und Olivenöl gehe ich in keine Küche.

WAS IST DEINE KULINARISCHE TRAUMDESTINATION?

Habe ich nicht. Ich bekomme alle Zutaten der Welt hier in der Schweiz und die kulinarische Lieblingsdestination ist mein Sofa. Leider bin ich da fast nie.

DEIN TIPP IN SACHEN „RESTE-ESSEN"?

Also, mein Tipp allgemein ist es, immer ein wenig mehr zu kochen und in einer Box aufzubewahren für den nächsten Tag und - auch wenn das jetzt schrecklich klingt - in der Mikrowelle aufzuwärmen. Aber da bleiben die Geschmacksaromen gleich. Und was ich immer mache ist, von allen Gemüsesorten mehr kochen und dann einfrieren für eine Gemüsesuppe à la Meta. Mal ist dann halt mehr Möhre drin, mal mehr Lauch – was halt dann gerade da ist. Aber weiterverwenden ist das Allerwichtigste für mich – nicht wegschmeißen.

WELCHE SPEISEKARTENFLOSKEL NERVT DICH?

Ja, diese supermodernen Köche machen alle so Karten, wo sie nur hinschreiben Lauch/Ingwer/Kabeljau. Wenn du zu faul bist, eine Karte zu schreiben, dann schreib´ einfach keine. Und sonst sei bitte ausführlich und genau.

WIE SIEHT FÜR DICH EIN PERFEKTES KATERFRÜHSTÜCK AUS?

Also, ich finde, es gibt kein perfektes Katerfrühstück, weil du dann eh keinen Hunger hast. Aber für mich ist das einfach die doppelte Kaffeemenge wie sonst und vielleicht ein frischer Saft. Wobei der frische Saft mit der Magensäure nicht immer die beste Wahl ist.

DESSERT ODER KÄSETELLER?

Immer Käse – ich bin Schweizerin!

BITTE VERVOLLSTÄNDIGE DEN SATZ: „DIE MIKROWELLE IST ..."

... der Freund und Helfer für die, die Hilfe brauchen.

HAST DU EINEN GANZ BESONDEREN TIPP FÜR NACHWUCHSKÖCHE?

Ein zukünftiger Koch sollte an erster Stelle wissen, dass er nie ausgelernt haben wird. Egal, wie viele Jahre du arbeitest: An dem Tag, an dem du das Gefühl hast, alles zu können, bist du zum Sterben verurteilt. Ein Koch muss immer offen bleiben und darf nie sagen, ich kann alles. „Open Mind" ist das oberste Gebot. Profitiere von allen Nationalitäten und Einflüssen, die du um dich herum hast. Und: Viele Wege führen nach Rom – es gibt immer mehrere Möglichkeiten, jeder hat einen anderen Stil.

WOVON WIRST DU IM DSCHUNGEL SATT?

Das Allererste, was ich satt hätte, wäre ich selbst. Ich würde nie in einen Dschungel gehen – ich hasse Bananen. Wahrscheinlich würde ich verhungern, oder vielleicht gibt es solche Eukalyptus-Blätter.

GEBACKENES MISTCHRATZERLI

KLEINES POULET MEDITERRAN MIT TOMATEN, BASILIKUM UND BACK-KARTOFFELN

ZUTATEN *für 2 Personen*, **ZUBEREITUNGSZEIT** *ca. 15 Minuten*, **BACKZEIT** *ca. 55 Minuten* ⊗ *GLUTENFREI*

1	Poulet (ca. 600 g)
2 EL	Tomatenpüree
2 EL	Olivenöl
1 TL	Salz
1 TL	Curry
1 TL	Kräuter, getrocknet
1	Zwiebel
400 g	Mini-Kartoffeln
2 Zweige	Rosmarin
2	Knoblauchzehen, zerdrückt
1 Bund	Basilikum
1 Handvoll	Cherrytomaten
1	Bratschlauch (ofenfest)

1 Tomatenpüree, Olivenöl, Salz, Curry und die getrockneten Kräuter zu einer Marinade mischen, damit das ganze Poulet einreiben.

2 Das marinierte Poulet in den Bratschlauch legen, dazu die Mini-Kartoffeln, den Rosmarin und die Knoblauchzehen. Die Zwiebel vierteln und auch in den Bratschlauch geben. Die Hälfte des Basilikums ebenfalls in den Bratschlauch stecken, den Rest für nach dem Garen behalten.

3 Den Schlauch verschließen und bei 180 °C ca. 50 Minuten in den Ofen schieben.

4 Den Schlauch aus dem Ofen nehmen und kurz abkühlen lassen. Poulet und Zutaten in eine Gratinschale geben und die Cherrytomaten dazulegen, den restlichen Basilikum zupfen und darauf verteilen und so nochmals bei 210 °C ca. 5 Minuten in den Ofen geben. Jetzt bekommt das Poulet seine goldige Farbe.

Mmh ... En Guete!

FRANK OEHLER

kocht

MARA'S LIEBLINGSGERICHT
LASAGNE

in der **SPEISEMEISTEREI** in Stuttgart

#16

MARA *(14) ist eine echte Dancing Queen - und das in doppelter Hinsicht. Sie tanzt zum einen für ihr Leben gern Ballet und zum anderen ist sie der wohl größte ABBA-Fan überhaupt. Für uns kocht die leidenschaftliche Esserin Mara Lasagne. Mamma mia, ob das gut geht? Aber bevor ein S.O.S. aus der Küche kommt, wird ihr Frank Oehler sicher unter die Arme greifen. Soll ja kein kulinarisches Waterloo werden. Und dank dem Meister heißt es, nachdem die Teller auf dem Tisch stehen, unisono nur noch „Gimme! Gimme! Gimme!". Und für Mara gibt es zum Schluss sogar noch eine Krone. Da tauscht man die Kochmütze doch gerne für ein.*

est. 2003

OMA'S FLÄDLESUPPE

MIT RINDERKRAFTBRÜHE „ALLGÄU"

ZUTATEN für 4 Personen, *ZUBEREITUNGSZEIT* ca. 3 Stunden (Rinderkraftbrühe),
15 Minuten (Flädle)

RINDERKRAFTBRÜHE

2	Beinscheiben
500 g	Rinderbrust
6 Scheiben	Ochsenschwanz
2	Zwiebeln
300 g	Karotten
300 g	Lauch
300 g	Sellerie
4	Tomaten
200 g	Champignons
3 l	Wasser
1 EL	Steinsalz
1/2 Knolle	Knoblauch
1 TL	Pfefferkörner
10	Pimentkörner
6	Lorbeerblätter
	Maggi
4 - 6 cl	Sherry oder Madeira zum Verfeinern

FLÄDLE

140 g	Mehl
2	Eier
1	Eigelb
	Salz
	Zucker
1/2 Tasse	Mineralwasser
1/2 Tasse	Milch
3 EL	Nussbutter
1 Spritzer	Essig
50 g	Schnittlauch
50 g	Petersilie

1 Beinscheiben, Rinderbrust und Ochsenschwanz waschen und trockentupfen. Karotten, Lauch, Sellerie, Tomaten, Champignons und Knoblauch putzen bzw. schälen und klein schneiden. Die Zwiebeln halbieren und mit der Schnittfläche nach unten in einem großen Topf schwarz anbraten (für die Farbe), 3 Liter Wasser aufgießen. Fleisch, Pfefferkörner, Pimentkörner und Lorbeerblätter dazugeben und langsam aufkochen. Jetzt die restlichen Zutaten zu der Brühe geben und alles ca. 2,5 Stunden köcheln lassen.

2 Fleisch und Gemüse aus der Brühe nehmen und die Brühe erst durch ein Küchensieb, dann durch ein sauberes Tuch gießen.

3 Nach Belieben mit Sherry, Madeira oder etwas Maggi verfeinern.

4 Aus Mehl, Eiern, Mineralwasser, Milch und Nussbutter einen flüssigen Teig zubereiten und mit Salz, Zucker und Essig verfeinern. Die Kräuter waschen, trockentupfen und aus dem Schnittlauch kleine Röllchen schneiden (eine kleine Menge als Dekoration beiseite stellen), die Petersilie kleinhacken und beides unter den Teig heben. Aus dem Teig in einer gefetteten Pfanne goldgelbe Flädle backen.

5 Die ausgekühlten Flädle aufrollen und in dünne Streifen schneiden. Die Streifen auf Suppenteller verteilen, die Rinderkraftbrühe darüber geben und vor dem Servieren mit etwas Schnittlauch bestreuen.

MARA'S LASAGNE

ZUTATEN für 8 - 10 Personen, **ZUBEREITUNGSZEIT** ca. 50 Minuten

Frischer Nudelteig
(ca. 750 g, am besten selbstgemacht)

HACKFLEISCH

1 kg	gemischtes Hackfleisch
150 g	San Daniele Schinken gewürfelt
2	Bratwürste, roh
2	Lammbratwürste, roh
3	Zwiebeln
1	rote Paprika
1	gelbe Paprika
6 ganze	Strauchtomaten
1 l	passierte Tomaten
500 g	Tomatenstücke im Saft
200 g	Ketchup
4 Zehen	Knoblauch
4 EL	Tomatenmark
4 EL	Olivenöl
1 EL	frischer Thymian, gehackt
1 EL	frischer Rosmarin, gehackt
1 TL	Fenchelsaat

SAUCE BÉCHAMEL

60 g	Butter
60 g	Mehl
400 ml	Milch
	Abrieb von 1/2 Zitrone
	Abrieb von 1/4 Orange
1 TL	Currypulver
	Salz
	Zitronensaft

150 g	geriebener Grana Padano

1 Hackfleisch und Schinken in einer Pfanne in Olivenöl anbraten, die Bratwürste aus der Haut drücken und dazugeben, alles gut vermischen. Zwiebeln, Paprika und Tomaten klein würfeln, nach und nach zugeben und gut anbraten. Fleisch und Gemüse jetzt mit den passierten Tomaten, den stückigen Tomaten und dem Ketchup begießen und aufkochen. Knoblauch kleinhacken, mit dem Tomatenmark und dem Olivenöl dazugeben. Zum Schluss Kräuter und Fenchelsaat dazugeben, noch eine Weile köcheln lassen und mit Salz abschmecken.

2 Inzwischen den Backofen auf 210 °C vorheizen.

3 Für die Béchamelsauce Butter in einem Topf erhitzen, das Mehl unterrühren. Unter Rühren die Milch dazugeben. Mit Zitronen- und Orangenabrieb, Curry, Salz und Zitronensaft abschmecken und unter Rühren aufkochen.

4 Eine große Auflaufform mit Öl ausreiben.

5 Fleischsauce, Nudelteig und Béchamelsauce mit Grana Padano jetzt im Wechsel in die Auflaufform schichten. Zum Schluss die Lasagne mit reichlich Grana Padano bedecken.

6 Die Lasagne ist nach ca. 20 Minuten im Backofen fertig.

FRANK OEHLER

IM INTERVIEW

Nach Abschluss seiner Kochlehre mit Auszeichnung sammelte der Allgäuer Erfahrungen in Spitzengastronomien in Murnau, Konstanz und Wertheim. Danach kochte er in London als Stellvertretender Küchenchef bei Anton Mosimann sowie im „Teufel-hof" in Basel. 1995 machte Frank Oehler sich selbstständig in seinem Heimatdorf Hawangen, wurde 2000 mit einem Stern vom Guide Michelin ausgezeichnet und als Aufsteiger des Jahres bewertet. Später zeigte er sein Können in Marbella und Ettlingen. 2008 wird er Patron der „Speisemeisterei" im Stuttgarter „Schloss Hohenheim" (seit Jahren mit einem Michelin-Stern ausge-zeichnet), für Frank Oehler ein Geschenk und einer der schönsten Arbeitsplätze der Welt. Der Familienvater, Kochbuchautor und Fernsehkoch ist bei den Kochprofis und in anderen TV-Formaten zu sehen. Sehr viel Liebe und Respekt empfindet der „Küchenprofi" für die Lebensmittel – denn diese sind für ihn die wirklichen Hauptdarsteller.

— speisemeisterei.de —

HAST DU EIN LIEBLINGSKOCHBUCH?

Nein. Meine Mama ist die Beste, sie hat aber leider kein Kochbuch, das würde ich auf jeden Fall kaufen. Ich esse so gerne, was meine Mutter kocht, da hängen so viele Erinnerungen dran. Vor kurzem war ich mit meinem Bruder bei ihr zum Mittagessen. Dann hat sie Rouladen mit Kartoffelpüree gemacht, und hat uns beiden gleich beim Rausschöpfen ein Loch ins Püree gedrückt, für die Sauce. Wie früher, war die Frage, wer von uns es zuerst kaputt macht. Ansonsten sind Kochbücher langweilig, wie Malen nach Zahlen. Kochen geht da los, wo das Rezept aufhört.

WAS IST DEIN ABSOLUTES LIEBLINGSGERICHT?

Leberkäse! Am liebsten durchgehend grober Leberkäs.

WAS WAR DEIN ABSOLUTES LIEBLINGS-GERICHT IN MARAS ALTER?

Ich habe alles gefuttert. Ich wollte ja auch kein Koch werden, das haben meine Eltern forciert. Meine Oma hat immer böhmisch gekocht und das sehr gut! So böhmische Knödel mit Pilzsauce oder geschmortes Rindfleisch aus dem Dampfkochtopf mit Dill drin. Ich bin mit der böhmi-schen Küche aufgewachsen, meine Mutter war arbeiten und die Oma hat sich gekümmert. So streng wie sie war, so gut hat sie auch gekocht. Die war prima!

WER KOCHT BEI DIR ZUHAUSE?

Ich darf nicht mehr, weil das immer ausufert. Wir sind drei Personen, aber ich schaffe es nicht, eine Suppe unter fünf Liter zu kochen. Ich kann nicht für drei Hansel kochen, wie soll das gehen? Ich gehe Fleisch einkaufen und eine Kiste Gemüse dazu und dann komme ich um die Ecke ... Und dann will das auch keiner hinterher auf-räumen. Wenn ich fertig bin, sieht das aus, als hätte eine Bombe eingeschlagen. Und das macht meine Frau nicht mit. Wir gehen sehr viel essen.

WAS KOMMT AUF GAR KEINEN FALL IN DEINEN TOPF?

So krankes Zeug wie Affe, Känguru oder Schlange. Also alles, was halt nicht hierher gehört. Gut, in Südamerika würde ich auch mal Meerschweinchen oder andere Nage-tiere essen, weil es dort eine Delikatesse ist. Man sagt übrigens: Alle Tiere, die kein Fleisch essen, sind sehr gut im Geschmack. Aber sonst bin ich schon sehr neugierig. Wenn Tiere wollten, dass wir sie nicht essen, würden sie nicht so lecker schmecken.

WIE SIEHT FÜR DICH EIN PERFEKTES KATERFRÜHSTÜCK AUS?

Mit dem selben Getränk anfangen, mit dem man nachts aufgehört hat. Oder einen schönen grünen Smoothie in Form eines Mojitos.

WELCHE SPEISEKARTENFLOSKEL NERVT DICH?

Wenn man so literarische Abenteuer eingeht, die Sachen so beschreiben und ausmalen und das dann so esoterisch klingt. Also, Köche erfinden auch viele Geschichten, die könnten manchmal Comedians sein. Oder wenn es heißt „mit Liebe frisch gekocht". Also davon gehe ich doch aus. Wie soll man denn alt kochen?

GIBT ES ETWAS, DAS DU AUCH AUS DER DOSE ESSEN WÜRDEST?

Linsen und Hülsenfrüchte. Und Miracoli, das erinnert mich an früher, an den Campingplatz. Ich weiß gar nicht, ob das wirklich schmeckt, aber ich sehe mich dann wieder in der Jogginghose am Lagerfeuer sitzen. Damit könnte man mich auch heute noch hinterm Sofa vorlocken. Aber Original – nur mit Wasser aufkochen.

WAS HÄLTST DU FÜR EINE KULINARISCHE TODSÜNDE?

Keinen Respekt gegenüber Lebensmitteln zu haben. Wir sind zu Gast in der Schöpfung. So einen halbierten Apfel, den bekommt kein Wissenschaftler der Welt wieder zusammen. Der braucht ein halbes Jahr zum Reifen, und dann schlingt man den nicht in zwei Minuten runter, das macht man nicht. Wir haben die Schöpfung in der Hand, und wir sind hier so privilegiert. Ich war vor kurzem für „Brot für die Welt" in Mozambique, und da wird einem erst klar, was wir hier alles haben.

Wenn man vor Lebensmitteln Respekt hat, hat man auch Respekt vor Menschen. Das hängt zusammen. Ich mag Menschen nicht, die diesen Respekt nicht haben.

FÜR WEN WÜRDEST DU UNHEIMLICH GERNE EINMAL KOCHEN?

Für den Dalai-Lama. Oder für den aktuellen Papst, der ist lustig.

GIBT ES EINE UNVERZICHTBARE ZUTAT FÜR DICH?

Ein gutes Salz! Das alte Himalaya-Salz zum Beispiel besteht aus 84 Elementen, und aus denselben Elementen bestehen wir. Das Natriumchlorid, das wir meistens kaufen, ist ein Abfallprodukt der Industrie. Wir brauchen guten Essig und gutes Salz.

WAS IST DEINE KULINARISCHE TRAUMDESTINATION?

Ich bin Allgäuer durch und durch, bei mir könnte es jeden Tag Kässpätzle geben.

BITTE VERVOLLSTÄNDIGE DEN SATZ: „DIE MIKROWELLE IST ..."

... ein Gerät.

DESSERT ODER KÄSETELLER?

Eigentlich beides. Also so ein Eis mit „bissle" was drauf, mit heißen Himbeeren oder Schlagsahne, lecker. Oder Bananensplit oder Pfirsich Melba. Heute gibt es so viele verdrehte Desserts, das kannst du nicht essen. Knoblauch oder Pastinake im Dessert – also Leute. „I will doch bloß an Bolla Vanilleeis mit Schlagsahne." Mehr will ich gar nicht – die alte Schule halt.

HAST DU EINEN GANZ BESONDEREN TIPP FÜR NACHWUCHSKÖCHE?

Ja, man sollte sich erst einmal ganz lange im Tal aufhalten. Das ganze Leben spielt sich im Tal ab. Auf dem Gipfel gibt es nichts zu tun, da ist es langweilig. Ich bin jetzt vielleicht kurz da oben, aber dann gehe ich wieder ins Tal, wo sich das richtige Leben abspielt. Man muss sich mit dem grauen Alltag beschäftigen und alles so lange wiederholen, bis es drin ist. Niemand kommt da drum herum, das ganze Leben ist so. Und damit musst du dich anfreunden.

WOVON WIRST DU IM DSCHUNGEL SATT?

Ich nehme mir eine Kuh mit. Da könnte ich mir einfach Milch und Käse und Butter machen. Und noch ein wenig Getreide. Dann wäre das zwar vegetarisch, aber für Käsespätzle würde es reichen. Auf die Röstzwiebeln müsste ich halt verzichten.

WAS IST DEIN LIEBSTES KÜCHENUTENSIL?

Mein Messer. Ich war schon in Japan, und da ist das ganz wichtig. Scharfes Messer, scharfer Verstand, sagt man da. Du willst die Sachen ja schneiden und nicht zerrupfen. Das hat wieder mit Respekt zu tun, dass man die Form nicht beschädigt. In Japan kann man einen Fisch wieder zusammensetzen, wenn er zerlegt wurde, und der sieht aus wie unberührt.

DEIN TIPP IN SACHEN „RESTE-ESSEN"?

Ja – dafür finde ich den Thermomix übrigens ganz gut. Da kannst du aus Rote-Bete-Salat zum Beispiel Vinaigrette machen, du musst halt kreativ sein und rumexperimentieren. Du kannst aber aus allem wieder etwas Neues machen. Aber wir sollten auf keinen Fall Speisen wegwerfen. Wir werfen so viele Lebensmittel weg, und gleichzeitig haben wir viel zu viel Plastikmüll, das eskaliert. Und wenn man sich vorstellt, wie lange so ein Lebensmittel wächst, wie viel Mühe sich der Bauer gegeben hat und wie viel Wasser es gebraucht hat, wie es gehegt und gepflegt wurde. So etwas wegzuwerfen, das ist ein Schlag ins Gesicht der Menschheit. Das hat etwas mit Wertevorstellung zu tun.

WAS FRANK OEHLER SONST NOCH ZU SAGEN HAT:

Ich kämpfe für neues Bewusstsein beim Essen. Und ich kämpfe für den Sonntagsbraten, dass die Familie am Sonntag wieder gemeinsam am Tisch sitzt. Durch den demographischen Wandel haben wir einfach Probleme. Jedes Kind kommt zu einer anderen Zeit nach Hause, beide Eltern berufstätig, dann wird das schon schwierig. Zumindest sonntags sollten alle gemeinsam am Tisch sitzen und denselben Braten, dieselben Spätzle und dasselbe Gemüse essen. Das geht in Frankreich, in Italien und in Spanien – nur bei uns ist das so schwierig. Der Deutsche weiß gar nicht, wie wichtig die Ernährung ist. Er gibt für sein Motorenöl mehr aus als für das Olivenöl, das er isst. Nichts berührt dich so sehr wie Essen. Und das kann dir keiner wegnehmen. Unser Körper ist das Wichtigste, was wir haben. Den müssen wir pflegen, der gibt dir auch sofort Feedback. Das tut er aber bei Fastfood nicht.

EIS MIT HEISSEN HIMBEEREN

MIT EIERLIKÖRSAHNE UND BAISERKRÜMEL

ZUTATEN für 4 Personen, *ZUBEREITUNGSZEIT* ca. 15 Minuten

**Vanilleeis
(am besten selbstgemacht)**
400 g **Himbeermark**
400 g **frische Himbeeren**
100 g **Zucker**
100 g **Orangensaft**
6 cl **Portwein**
1/2 **Zitrone, abgerieben**
1/2 **Orange, abgerieben**
300 ml **Sahne**
100 ml **Eierlikör**
2 **fertig gekaufte Meringuen,
grob zerbröselt**

1 Sahne steifschlagen und Eierlikör unterheben.

2 Himbeermark mit Zucker, Orangensaft und Portwein in einem Topf kurz aufkochen. Mit Zitronen- und Orangen-Abrieb verfeinern, dann die frischen Himbeeren unterrühren (ein paar Beeren zur Dekoration beiseite stellen).

3 Jeweils eine Portion Vanilleeis in eine Dessertschale geben und mit den heißen Himbeeren anrichten. Nach Belieben Eierlikörsahne dazugeben, mit den Baiserkrümeln bestreuen und mit den restlichen frischen Himbeeren dekorieren.

TIPP | *Die heißen Himbeeren können auch in einem separaten Schälchen gereicht werden, dann schmilzt das Eis nicht so schnell.*

LITTLE BARBEQUE KING THEO

grillt

TED READER'S
TORONTO-BBQ-HIGHLIGHTS

für seine „FAMILY & FRIENDS" in Stuttgart

#17

GRILLMASTER THEO

Mädchenschwarm und Spaghetti-Connaisseur **THEO** *ist mit seinen 10 Jahren bereits ein richtiger Draufgänger. Und als Co-Pilot immer dabei, egal ob er mit seinem Papa die Autobahn hoch oder im Motorboot den Bodensee runter brettert. Aber warum eigentlich immer nur die zweite Geige spielen? Da kamen die BBQ-Rezepte des kanadischen Barbecue Kings Ted Reader gerade recht. Mit Mamas Hilfe den Grill angefeuert, den Papa zum Assistenten degradiert und selbst das Kommando beim großen Gebrutzel übernommen. So war das ganz nach Theos Geschmack. Wobei, ganz zum Schluss durften die Eltern dann doch wieder übernehmen. Irgendjemand musste ja schließlich saubermachen.*

est. 2003

PLANK SMOKED CAMEMBERT

WITH BACON, ONION & PRETZEL TOPPING

*ZUTATEN für 6 Personen, **ZUBEREITUNGSZEIT** ca. 25 Minuten*

120 g **Frühstücksspeck, in Scheiben geschnitten**
1 Dose **Bier**
1 **Grillbrett aus Zedernholz (ca. 15 x 30 cm, ca. 1 cm dick)**
750 ml **kaltes Wasser**
30 g **frischer Thymian, gehackt**
1 **mittelgroße Schalotte**
75 g **Salzbrezeln, zerkleinert**
2 **kleine Camemberts (je 150g) Salz Pfeffer, frisch gemahlen knuspriges Brot oder Cracker**

1 Auf dem Brett gegrillter Käse ist eine der besten Vorspeisen, um deine Party in Schwung zu bringen.

2 Lege das Grillbrett in eine große Schale mit ca. 750 ml kaltem Wasser, gieße das Bier dazu.

3 Beschwere das Brett, um es unter Wasser zu halten, und wässere es für mindestens eine Stunde. Dadurch nimmt die Planke etwas von dem Bieraroma an und saugt Wasser auf, so dass beim Grillen ein schöner, süßer Rauch entsteht.

4 Schneide die Speckscheiben in kleine Stücke, die Schalotte in dünne Scheiben.

5 Brate den Speck und die Schalotte in einer großen Bratpfanne bei mittlerer Hitze unter gelegentlichem Rühren, bis der Speck kross gebraten ist, das Fett ausgelassen und die Schalottenwürfel gebräunt und karamellisiert sind.

6 Lasse die Speck-Schalotten-Mischung gut abtropfen, schütte sie in eine große Schüssel und behalte 2 EL des Speckfettes zurück. Mische den gehackten frischen Thymian mit den zerbröselten Salzbrezeln und dem Speckfett, vermische das Ganze mit der Speck-Schalotten-Mischung und würze nach Geschmack mit Salz und frisch gemahlenem Pfeffer.

7 Heize den Grill auf medium-high vor, ca. 230 °C - 280 °C. Nimm das Grillbrett aus dem Wasser-Bier-Bad und tupfe die Oberfläche mit einem Papiertuch trocken.

8 Würze die Camemberts mit frisch gemahlenem schwarzem Pfeffer, drücke den Pfeffer dabei fest an. Lege die Camemberts mit ausreichend Abstand auf das Grillbrett. Häufe nun mit einem Löffel die Speck-Zwiebel-Brezel-Mischung zur Hälfte auf jeden Käse und drücke sie etwas fest.

9 Lege die Grillplanke in die Mitte des Grills. Schließe den Deckel und grille den Käse auf dem Brett, bis es anfängt zu knacken und rauchen, etwa 3 - 5 Minuten. Regle die Hitze dann auf medium-low herunter (etwa 125 °C - 180 °C) und lasse den Käse, ohne den Deckel zu öffnen, noch weitere 8 - 10 Minuten grillen.

10 Wenn der Käse anfängt zu schmelzen und sich die Rinde des Camemberts beginnt zu wölben, weißt du, dass dein Käse jetzt heiß und cremig ist.

11 Gib acht, dass du den Käse nicht zu lange grillst, die Rinde kann leicht aufplatzen und dann ist all die käsige Köstlichkeit verloren.

12 Tipp: Kontrolliere den Camembert regelmäßig, um sicherzugehen, dass sich das Holzbrett nicht entflammt hat. Passiert es dennoch, lösche die Flammen mit einer Wassersprühflasche.

13 Nimm den Camembert vom Grill, belasse ihn dabei auf dem Brett (er ist noch zu heiß und flüssig, um ihn runter zu nehmen).

14 Schneide den heißen, flüssigen Käse rasch an und dippe ihn mit frischem Brot oder Crackern.

ZUHAUSE NACHGEKOCHT
- VON -
THEO

SLASH'N'GRILL CHICKEN DRUMS

ZUTATEN für 6 Personen, *ZUBEREITUNGSZEIT* ca. 10 Minuten, *GRILLZEIT* ca. 25 Minuten

12 **Hähnchenkeulen, schön dick und fleischig**
30 g **Bone Dust Barbecue Gewürz**
30 ml **Chipotle Hot Sauce**
30 g **Puderzucker**
30 g **BBQ-Sauce**
30 ml **Bourbon Whisky**
45 g **Butter**
2 große **Tüten grob zerkleinerte Kartoffelchips mit BBQ-Geschmack**
Salz
Pfeffer, frisch gemahlen

1 Das ist das Lieblings-Picknick meiner Familie für den Strand. Du grillst sie mit Liebe, glasierst sie schön klebrig und wendest sie in BBQ-Kartoffelchips für den Crunch. Das gibt Keulen-Rock'n'Roll. Und lasst die Kids auch mitspielen!

2 Nimm ein scharfes Messer und schneide die Hähnchenunterschenkel von außen 1/2 bis maximal 1 cm ein. Reibe die Keulen mit der BBQ-Gewürzmischung ein. Gib acht, dass auch genügend Gewürz in die Einschnitte gelangt. Lasse die Keulen für mindestens eine Stunde marinieren - eine Marinade über Nacht intensiviert den Geschmack.

3 Heize den Ofen oder Grill auf mittlere Hitze (175 - 235 °C).

4 Mische in einer kleinen Schüssel die Chipotle-Sauce, den Puderzucker, die BBQ-Sauce und den Whisky, rühre, bis sich der Zucker aufgelöst hat, und stelle die Mischung beiseite.

5 Grille die Hähnchenteile für 20 - 25 Minuten bei gelegentlichem Wenden, bis sie schön gebräunt und durch, aber noch saftig und zart sind. Die Innentemperatur muss mindestens 70 °C betragen.

6 Gib alle Keulen in eine große Schüssel, füge die Butter und die Saucen-Zucker-Whisky-Mischung hinzu und wende sie darin.

7 Wälze sie anschließend in den zerstoßenen BBQ-Kartoffelchips und serviere sie sofort.

TIPP | *Dazu braucht ihr unbedingt Servietten.*

TED READER

IM INTERVIEW

Ted Reader ist ein kanadischer Koch und Autor diverser Kochbücher. Die Leidenschaft fürs Kochen haben ihm seine Mutter und sein Großvater mitgegeben. Nach der Schule schaute er immer „Celebrity Cooks" und überredete seine Mutter, die Gerichte mit ihm zu kochen. Später arbeitete er als Executive Chef im „Skydome Hotel" in Toronto und erweiterte sein Können im „President´s Choice", wo er als Executive Chef und Produktentwickler tätig war. Ted Reader lebt noch immer in Toronto und ist großer Barbecue-Fan, wirkte an diversen TV-Sendungen mit und vertreibt mit „Ted´s World Famous BBQ" Barbecue-Saucen und -Produkte.

——————————— *tedreader.com* ———————————

HAST DU EIN LIEBLINGSKOCHBUCH?

In meiner Jugend war es „The American Encyclopedic Cookbook". Das war das erste Kochbuch, das meine Mutter mir geschenkt hat. Mein Lieblingskochbuch heute ist eines, das ich selbst geschrieben habe: „Gastro Grilling". Es ist 2013 erschienen, ein wirklich schönes Buch.

WAS IST DEIN ABSOLUTES LIEBLINGSGERICHT?

Steak – ich liebe Steaks!

WAS WAR DEIN ABSOLUTES LIEBLINGS-GERICHT ALS KIND?

„Stuff" – das ist Hackfleisch mit Röstzwiebeln und Knoblauch, verfeinert mit Sahne und auf Toast angerichtet – keine Ahnung, warum das „Stuff" heißt.

GIBT ES ETWAS, BEI DEM DU AUF GAR KEINEN FALL WIDERSTEHEN KANNST?

Bier, Whisky und ein leckeres Sandwich – ich liebe gute Sandwiches!

WAS IST DEIN LIEBSTES KÜCHENUTENSIL?

Eine Grillzange und ein gescheites Küchenmesser.

WER KOCHT BEI DIR ZUHAUSE?

Das machen wir beide. Meine Frau ist die Scheidungsan-wältin, die Frühstück macht, und ich bin der Koch, der das Dinner zubereitet. Wir essen auch immer mit unse-ren Kindern zu Mittag. Es ist ungemein wichtig, zusam-men zu essen, für uns ist das eine Art Familienritual. Es ist generell wichtig, etwas gemeinsam zu unternehmen - miteinander zu spielen, Zeit zu verbringen und über-haupt möglichst viel als Familie zu tun. So wird man eine eingeschworene Truppe – und wenn die Kinder dann aus dem Haus sind, vergessen sie ihre Wurzeln nicht. Sie kommen heim und holen sich Rat und Inspiration bei den Eltern. Aber sie geben das auch an sie zurück! So schafft eine gemeinsame Mahlzeit quasi ganz nebenher eine gute familiäre Grundlage.

WAS KOMMT AUF GAR KEINEN FALL IN DEINEN TOPF?

Rosenkohl – ich hasse diese kleinen grünen Golfbälle! Am besten wird man sie los, wenn man sie mit auf den Golfplatz nimmt und dann möglichst weit wegschlägt!

DESSERT ODER KÄSETELLER?

Am besten beides: Dessert mit Käse!

WAS IST DEINE KULINARISCHE TRAUMDESTINATION?

Ich habe gerade erst ein solches Traumziel erlebt. Letzte Woche kam ich aus Vietnam zurück, das ganz oben stand auf meiner Liste mit Orten, wo ich unbedingt einmal hin wollte und mich durchessen. Ich glaube, als nächstes möchte ich mit meiner Frau und den Kindern nach China und mich dort durchprobieren. Und wenn wir mit China fertig sind, gehen wir nach Indien. Dort gibt es nicht nur unglaubliche Gewürze, das Land an sich ist äußerst sehenswert und wunderschön. Aber jedes Land der Welt ist schön, wenn du dir Zeit nimmst und dich für die Menschen dort interessierst, sie wertschätzt. Es ist egal, wie die äußere Schale aussieht – alles hat etwas Schönes. Man muss lernen, über gewisse Unzulänglichkeiten hinwegzusehen, denn oft sind gerade sie es, die eine Sache einzigartig machen.

WIE SIEHT FÜR DICH EIN PERFEKTES KATERFRÜHSTÜCK AUS?

Mein Großvater hatte dafür ein gutes Rezept: „Mugged up eggs". Dafür füllst du ein großes Glas mit Bier, ein anderes mit gebuttertem Toast, in kleine Würfel geschnitten. Dann gib zwei weichgekochte Eier über den Toast, würze mit etwas Salz und Pfeffer und mische das Ganze durch. Und dann wird abwechselnd gegessen, getrunken, gegessen, getrunken...

BITTE VERVOLLSTÄNDIGE DEN SATZ: „DIE MIKROWELLE IST ..."

… für mich gestorben."

HAST DU EINEN GANZ BESONDEREN TIPP FÜR NACHWUCHSKÖCHE?

Werdet Anwalt oder Arzt, lasst die Finger von diesem Beruf, macht einfach was anderes – hört auf eure Eltern, denn das Kochen wird euch alles abverlangen! Aber wer es liebt, sollte diesen Beruf ergreifen und ihn jeden Tag mit Liebe ausüben. So was macht man nicht des Geldes wegen, sondern aus Leidenschaft – ich zumindest tue es aus Leidenschaft! Wenn du mit Passion kochst, bereit bist dazuzulernen und deinen Gästen gerne leckeres Essen servierst, dann lass dich auf diesen Beruf ein, hab Spaß daran und lerne den Rest deines Lebens – schließlich lernt man nie aus! Und noch ein Vorteil: Du gehst niemals hungrig ins Bett!

FÜR WEN WÜRDEST DU UNHEIMLICH GERNE EINMAL KOCHEN?

Für meinen Großvater. Leider hat sich nie die Gelegenheit ergeben, da er starb, bevor ich meine Ausbildung zum Koch beendet hatte. Ich hätte wirklich gerne mal für ihn gekocht und mit ihm zusammen gegessen! Und natürlich koche ich gerne für meine Familie und meine Freunde.

Und ich hatte einmal eine Nichte mit Down-Syndrom. Wir haben sie alle so sehr geliebt. Sie hat unsere Familie zusammengeschweißt und komplett gemacht.

WOVON WIRST DU IM DSCHUNGEL SATT?

Ich esse einfach alles. Ich würde versuchen herauszufinden, was man essen kann, und dann mit den Basics anfangen. Auch wenn es Tarantel, Skorpion, Schlange oder sonst ein Tier ist, ich würde es ausprobieren. Ich würde mir eine Art Hütte bauen und versuchen, mein Leben an die Situation anzupassen – Überleben ist das Wichtigste überhaupt. Wenn du mitten im Dschungel steckst, ist dir alles egal, und du würdest auch alles essen. Ich ermahne meine Kinder immer: Sagt nie, ihr mögt etwas nicht, bevor ihr es nicht probiert habt. Woher wisst ihr, dass ihr kein Hirn mögt? Was ist falsch an Hühnerköpfen? Meine Kinder essen daher alles Erdenkliche – und wo auch immer sie in dieser Welt hingehen, sie werden satt werden. Und außerdem müssen sie so kein Fastfood essen, weil das wirklich schlecht ist! Alles Essen hat eine Seele, es hat Leben in sich und darauf kommt es an. Deshalb bin ich Koch geworden, weil Essen mich am Leben hält, mich inspiriert und einen glücklichen Menschen aus mir macht. Köche sind oft alte Miesepeter, aber ich versuche, einfach nur glücklich zu sein.

GIBT ES EINE UNVERZICHTBARE ZUTAT FÜR DICH?

Salz und Butter

DEIN TIPP IN SACHEN „RESTE-ESSEN"?

Zu Hause verwerten wir oft Reste. Meist geben wir den Kindern davon in die Schule mit, so haben sie auch dort eine ausgewogene Mahlzeit mit Obst und Gemüse. Ich möchte, dass meine Kinder sich gesund ernähren – sie sind das Beste in meinem Leben. Und natürlich ist auch meine Frau sehr wichtig für mich. Letztlich sind sie es, worauf es ankommt.

GIBT ES ETWAS, DAS DU AUCH AUS DER DOSE ESSEN WÜRDEST?

Dosenwurst, Thunfisch, Lachs, geräucherte Austern, Anchovis, Bohnen – es ist generell nichts Falsches an Konserven, man muss nur wissen, wie man was daraus macht.

BLACK FOREST CHEESECAKE QUESADILLAS

ZUTATEN *für 8 Personen,* ***ZUBEREITUNGSZEIT*** *ca. 25 Minuten,* ***GRILLZEIT*** *ca. 7 Minuten*

GEGRILLTE KIRSCHEN
450 g frische, reife schwarze Kirschen, entsteint, in Hälften geschnitten
60 ml Spiced Whiskey
1 EL Zucker

KÄSEKUCHEN QUESADILLA
340 g Käsekuchen (ohne Boden)
175 g Frischkäse (Doppelrahmstufe)
4 Weizenmehl-Tortillas (18 - 20 cm Durchmesser)

SCHOKOLADENSAUCE
250 ml Schlagsahne
300 g hochwertige Schokolade in kleinen Stücken
400 ml steifgeschlagene Sahne

1 Die ersten Quesadillas habe ich aus ein paar übrig gebliebenen Kuchenstücken gemacht. Das ist die perfekte Möglichkeit, Kuchenreste aufzubrauchen.

2 Beträufle die Kirschhälften mit Whisky und Zucker und stelle sie beiseite. Heize deinen Grill an (Grilltemperatur: 175 °C – 230 °C).

3 Grille die Kirschen in einem Grillkorb aus Edelstahl 3 - 5 Minuten, zwischendurch wenden. Wenn der Saft beginnt auszutreten und die Schalen leicht knusprig werden und sich aufrollen, kannst du sie vom Grill nehmen und zum Abkühlen beiseite stellen.

4 Gib die Käsekuchenfüllung in eine Rührschüssel, der Boden wird nicht benötigt. Füge den Frischkäse zu und rühre die Masse so lange, bis eine streichbare Masse entsteht.

5 Lege eine Tortilla auf eine flache Oberfläche. Streiche etwa 120 g der Käsekuchen-Frischkäse-Mischung auf die gesamte Oberfläche der Tortilla und gib etwa 70 g der gegrillten Kirschen auf den Käsekuchenaufstrich. Falte die Tortilla in der Mitte, um eine Halbmond-Form zu erhalten, und drücke die Tortilla fest, dass die Füllung zusammenklebt. Heize deinen Grill wieder an und bereite solange die Schokoladensauce zu.

6 Koche die Sahne in einem Topf kurz auf und nimm den Topf dann vom Herd. Füge jetzt die Schokolade zu und rühre so lange mit dem Schneebesen, bis die Schokolade geschmolzen ist und eine homogene Masse entsteht. Stelle die Sauce zum Abkühlen beiseite.

7 Grille die Quesadillas auf dem vorgeheizten Grill etwa 2 - 3 Minuten pro Seite, bis sie leicht gebräunt und knusprig sind und die Käsemasse warm ist. Nimm sie vom Grill und lasse sie noch 2 - 3 Minuten vor dem Anschnitt ruhen, damit sich die Füllung „setzen" kann.

8 Schneide die Quesadillas nach der Ruhezeit in Hälften. Setze sie auf einen Teller, träufle großzügig Schokoladensauce drüber und serviere sie mit einem Klecks Schlagsahne.

BERND SIEFERT

— backt —

*im **CAFÉ SIEFERT IN MICHELSTADT** im Odenwald*

FABIO'S LIEBLINGSGEBÄCK
SCHOKO-MUFFINS

FLORINE'S LIEBLINGSKEKSE
CHAI-TEE-COOKIES

AIDEN'S LIEBLINGSGEBÄCK
MÜRBTEIG-PIRATEN

JULIA'S LIEBLINGSGEBÄCK
HASELNUSS-SCHOKO-SCHÄUMCHEN

est. 2003

SOUS CHEF FABIO

Der 8-jährige **FABIO** ist Stammgast beim Bäcker und kann speziell den „süßen Stückle" kaum widerstehen. Umso begeisterter war der passionierte Uno-Spieler, als Pâtissier Bernd Siefert die Rezepte auf den Tisch legte und zum gemeinsamen Backen von Schoko-Muffins bat. Das klang für den leidenschaftlichen Tänzer Fabio doch wie Musik in seinen Ohren. In jedem Fall hat man wohl noch nie einen Jung-Pâtissier glücklicher zwischen Rührschüsseln und Backofen tänzeln sehen.

SOUS CHEFIN FLORINE

FLORINE hat deutsch-französische Wurzeln. Geübt in beiden Sprachen, war Pâtissier für sie natürlich kein Fremdwort. Mit ihren gerade mal 5 Jahren ist sie ohnehin ein Fan von allem, was süß ist. Ideal auch, dass sie diesmal die Leckereien nicht mit ihrer Zwillingsschwester und ihren zwei großen Brüdern teilen musste. Insofern tauschte Florine gern ihre geliebten Uno-Karten kurzfristig gegen die Backschürze ein und los ging es mit Chai-Tee-Cookies.

SOUS CHEF AIDEN

*Schiff Ahoi! Es wäre gar nicht einmal soweit hergeholt, den 7-jährigen **AIDEN** als roten Korsaren zu bezeichnen, schließlich erkennt man ihn schon von weitem an seinen leuchtend roten Haaren. Aber so richtig gefährlich ist unser Mürbteig-Pirat dann auch wieder nicht. Ganz im Gegenteil. Speziell, wenn es um seine kleine Schwester Linn geht, hisst er ganz schnell die weiße Flagge. In Bernd Sieferts Kombüse durfte sich Aiden an seinen heißgeliebten Mürbteig-Piraten versuchen. Und irgendwie wurde man den Verdacht nicht los, dass er dabei unbemerkt gleich noch eine Ration für sein Pferd Atorka abgezwackt hat. Aber so sind Piraten halt.*

SOUS CHEFIN JULIA

*(Back-)Manege frei für **JULIA**. Die 8-Jährige ist nicht nur glühender Zirkus-Fan, sondern selbst eine kleine Akrobatin, die sich beim Reiten problemlos auf dem Pferderücken hält und im Wasser selbst zum Seepferdchen wird. Beim Essen mag Julia es gern italienisch: vorweg Spaghetti und ein Gelato obendrauf. Mit Pâtissier Bernd Siefert gab es daher auch eine kulinarische Italienisch-Stunde und einmal „Ossa da mordere".*

SCHOKO-MUFFINS

ZUTATEN für 12 Stück, *ZUBEREITUNGSZEIT* ca. 15 Minuten, *BACKZEIT* ca. 25 Minuten

150 g **Weizenmehl Type 405**
30 g **Pfeilwurzmehl**
25 g **Kakaopulver**
3 TL **Weinsteinbackpulver**
1 Prise **Meersalz**
1 **Tonkabohne, gerieben**
1 **Bio-Orange, abgerieben**
80 ml **Agavendicksaft**
20 g **Rohrzucker**
60 ml **Sonnenblumenöl**
150 ml **Mineralwasser**

1 Den Backofen auf 180 °C vorheizen.

2 Mehle, Kakaopulver, Backpulver und Salz mischen. Anschließend die restlichen Zutaten und ganz zum Schluss das Mineralwasser unterrühren. Dann die Masse in die Muffin-Förmchen füllen und die Muffins ca. 25 Minuten backen.

3 Nach dem Abkühlen können die Muffins sofort verzehrt oder mit Schokoglasur verschönert werden.

TIPP

Durch Kuvertüre und bunte Streusel verwandeln sich die Muffins in kleine Kunstwerke. Sie schmecken super zu Sahne oder Vanilleeis.

CHAI-TEE-COOKIES

ZUTATEN für 50 Stück, *ZUBEREITUNGSZEIT* ca. 15 Minuten, *BACKZEIT* ca. 20 Minuten
(plus 1 Stunde Ruhezeit)

15 g	**Goldleinsaat, gemahlen**
1 TL	**schwarzer Tee**
110 g	**Margarine**
180 g	**heller Rohrzucker**
160 g	**Weizenmehl Type 405**
1/4 TL	**Weinsteinbackpulver**
1/2 TL	**Natron**
1 TL	**Zimt**
1/2 TL	**Kardamom**
1	**Vanilleschote**
1 Prise	**Salz**

1 Goldleinsaat mit 4 1/2 EL Wasser verrühren und einige Minuten quellen lassen. Den schwarzen Tee fein zerreiben (am besten in einem Mörser). Die Vanilleschote der Länge nach halbieren und das Mark herauslösen. Dann alle Zutaten zu einem glatten Teig verkneten. Zugedeckt eine Stunde kaltstellen.

2 Ein Backblech mit Backpapier auslegen und den Backofen auf 160 °C vorheizen. Den Teig mit einem Löffel zu gleich großen Kugeln von ca. 4 cm Durchmesser formen, mit genügend Abstand auf das Blech legen und leicht flachdrücken. Auf der mittleren Schiene im Ofen ca. 20 Minuten backen.

** Rezept stammt aus dem Buch **vegan & süß**
von Bernd Siefert (Matthaes-Verlag)*

MÜRBTEIG-PIRATEN

ZUTATEN *für ca. 80 Stück,* **ZUBEREITUNGSZEIT** *ca. 20 Minuten,* **BACKZEIT** *ca. 25 Minuten*
(plus 1 Stunde Kühlzeit)

200 g weiche Butter
100 g Zucker
1 Prise Meersalz
1 unbehandelte Zitrone, abgerieben
1 Vanilleschote (Mark)
1 Ei (Größe M)
300 g Weizenmehl

Mehl zum Bearbeiten
1 Ausstecher in Piratenform

1 Für den Mürbteig Butter, Zucker, Salz, Zitronenabrieb, Vanillemark und Ei zu einer glatten Masse verarbeiten, dann das Mehl sieben und kurz unterkneten. Den Teig zu einer Kugel formen, in Frischhaltefolie wickeln und ca. 1 Stunde kaltstellen.

2 Den Backofen bei 150 °C Ober- und Unterhitze vorheizen. Ausreichend Backbleche mit Backpapier belegen.

3 Den Teig aus dem Kühlschrank nehmen, die Arbeitsfläche mit Mehl bestäuben und zunächst die Hälfte des Teiges ca. 3 mm dick ausrollen. Die Piraten ausstechen, auf das Backblech legen und ca. 25 Minuten backen. Mit dem restlichen Teig genauso verfahren.

4 Die ausgekühlten Mürbteig-Piraten können nach Belieben mit Schokolade und Streuseln verziert werden.

HASELNUSS-SCHOKO-SCHÄUMCHEN

ITALIENISCHES HASELNUSSGEBÄCK

ZUTATEN *für 80 Stück, ZUBEREITUNGSZEIT ca. 15 Minuten, BACKZEIT ca. 25 Minuten (plus Trockenzeit über Nacht)*

500 g ganze Haselnüsse, geröstet
500 g Puderzucker
3 Eiweiß (Größe M)
25 g schwach entöltes Kakaopulver

TIPP

Die Kekse sehen zwar aus, als wären sie explodiert, zählen aber zu meinen absoluten Lieblingen. Sie sollten unbedingt trocken aufbewahrt werden.

1 Alle Zutaten zu einem Teig vermengen, diesen anschließend gleichmäßig auf ein Stück Backpapier streichen und über Nacht antrocknen lassen.

2 Am nächsten Tag Backbleche mit Backpapier auslegen und den Backofen auf 150 °C Ober- und Unterhitze vorheizen.

3 Den Teig in Quadrate von 3 x 3 cm schneiden. Diese mit ausreichend Abstand auf die mit Backpapier ausgelegten Bleche setzen und nacheinander auf mittlerer Schiene ca. 25 Minuten trocken ausbacken, herausnehmen und abkühlen lassen.

** Rezept stammt aus dem Buch **Weihnachtsbäckerei** von Bernd Siefert (Matthaes-Verlag)*

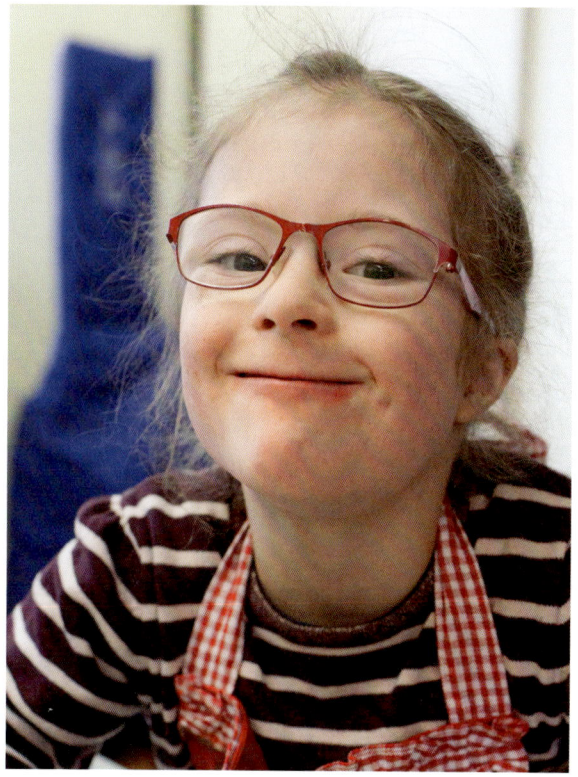

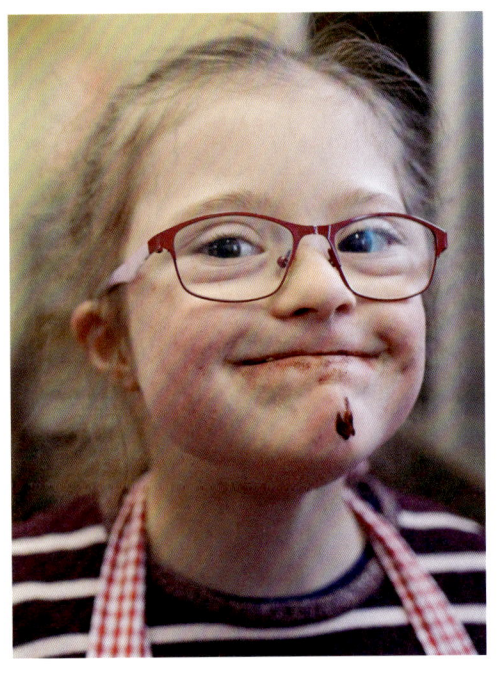

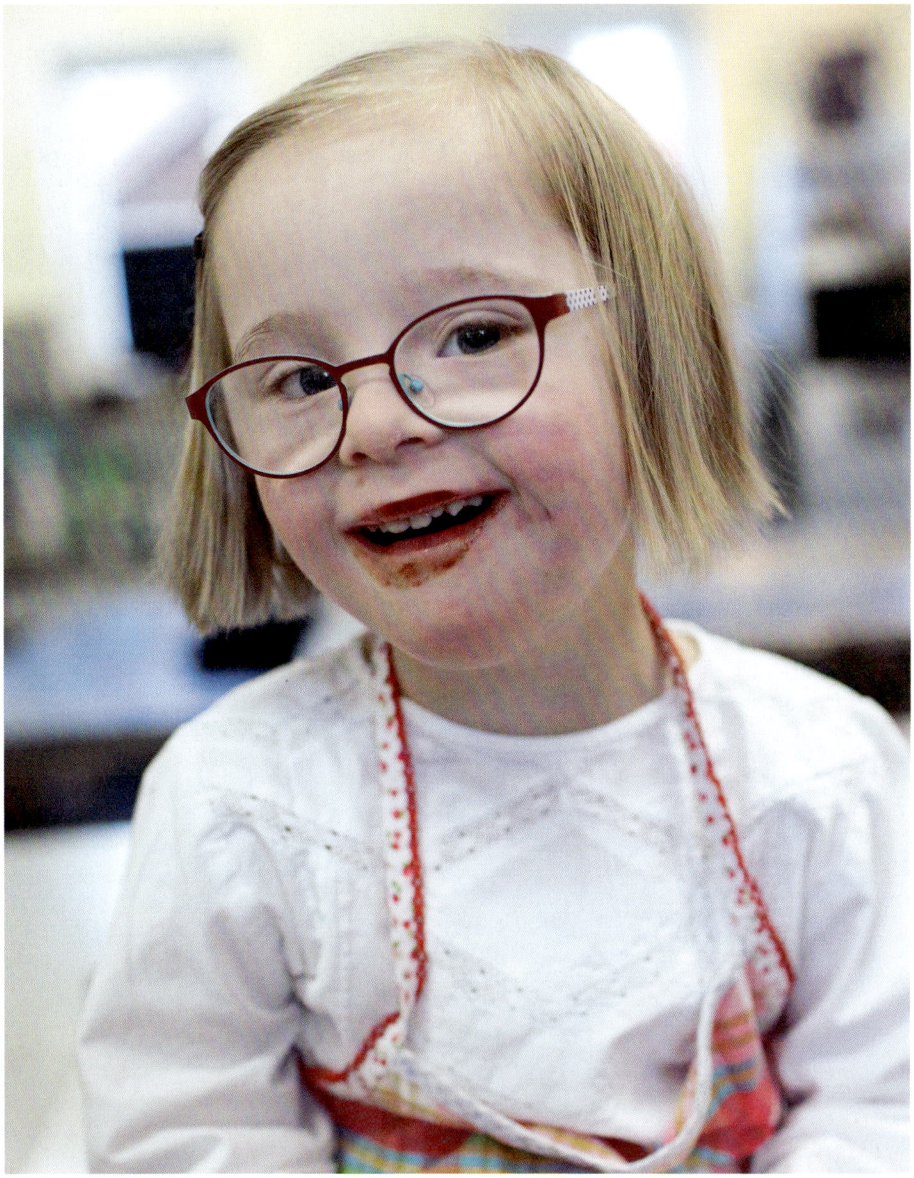

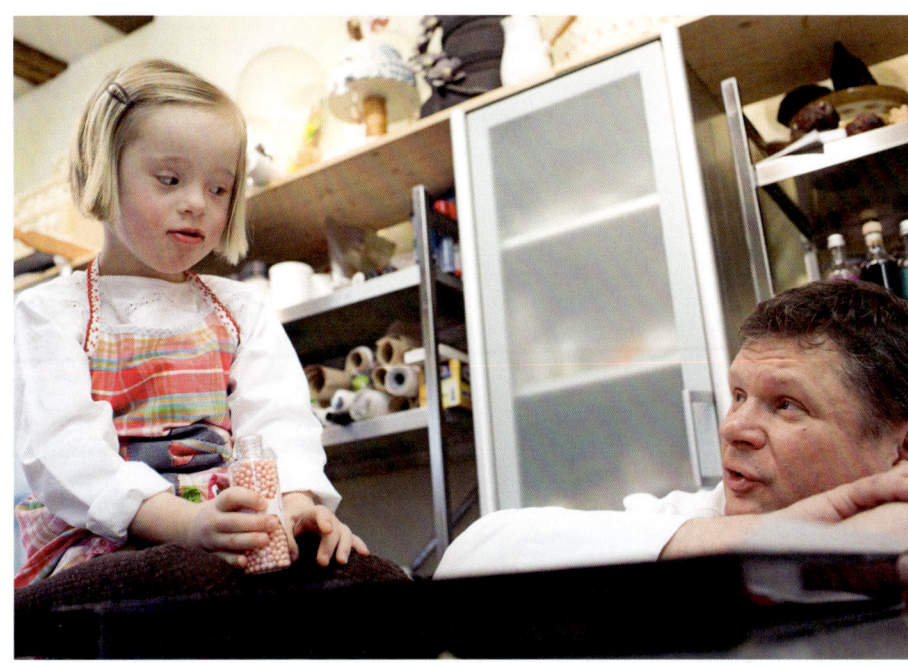

BERND SIEFERT

IM INTERVIEW

Bernd Siefert gehört zu den weltweit renommiertesten Pâtissiers. Zahlreiche Auszeichnungen, darunter der Weltmeistertitel 1997, belegen dies eindrucksvoll. Seine Kreationen schmücken die Feste der Show- und Politprominenz, namhafte Hersteller sichern sich sein Know-how bei der Entwicklung neuer Produkte und seine Seminare gehören zu den begehrtesten der Branche. Kuchen, Torten, Kleingebäck, Pralinen, Schokoladen, Marmeladen, Eis, Marzipan und Zuckerschaustücke – Bernd Siefert ist in allen Disziplinen ein Könner.

——— *cafesiefert.de* ———

HABEN SIE EIN LIEBLINGSBACKBUCH?
Natürlich meine eigenen Backbücher

WAS IST IHR ABSOLUTES LIEBLINGSGERICHT?
Hühnerfrikassee mit viel Curry, Sauerkraut mit Kartoffelbrei und Rippchen und Saure Nieren. Also alles, was meine Oma und meine Mutter gekocht haben.

WAS WAR IHR ABSOLUTES LIEBLINGSGERICHT IM ALTER VON SECHS JAHREN?
Daran hat sich nichts geändert.

GIBT ES ETWAS, BEI DEM SIE AUF GAR KEINEN FALL WIDERSTEHEN KÖNNEN?
Bei Butterstreuselkuchen.

WER KOCHT BEI IHNEN ZUHAUSE?
Ich – meistens vor Wut

WAS KOMMT AUF GAR KEINEN FALL IN IHREN TOPF?
Leberwurst, ich hasse Leberwurst. Politisch unkorrekt liebe ich Gänseleber, aber ich kann den Geruch von Leberwurst nicht ab.

GIBT ES ETWAS, DAS SIE AUCH AUS DER DOSE ESSEN WÜRDEN?

Ganz klassisch Erbsen und Karotten, wie das früher so üblich war. Frisch ist natürlich schon leckerer, aber das sind Kindheitserinnerungen und wir essen gerne wie in der Kindheit.

WAS HALTEN SIE FÜR EINE KULINARISCHE TODSÜNDE?
Wenn man die Gabel senkrecht in den Kuchen sticht, das macht man nicht. Das ist „Erstechen" des Kuchens.

FÜR WEN WÜRDEN SIE UNHEIMLICH GERNE EINMAL EINE TORTE BACKEN?
Für den Papst

HABEN SIE EINEN GANZ BESONDEREN TIPP FÜR NACHWUCHSKONDITOREN?

Man braucht immer die besten Zutaten und ganz viel Liebe - im Leben wie auch beim Backen.

WAS IST IHR LIEBSTES KÜCHENUTENSIL?
Mein Schneebesen

GIBT ES EINE UNVERZICHTBARE ZUTAT FÜR SIE?
Alles, was lecker ist.

IHR TIPP IN SACHEN „RESTE-ESSEN"?
Das perfekte Reste-Essen ist für mich „Arme Ritter".

WIE SIEHT FÜR SIE EIN PERFEKTES KATER-FRÜHSTÜCK AUS?
Ich habe nie einen Kater. Und wenn, dann muss ich trotzdem arbeiten.

BITTE VERVOLLSTÄNDIGEN SIE DEN SATZ: „DIE MIKROWELLE IST......"
.....unersetzlich, weil ich meine Schokolade drin schmelze.

DESSERT ODER KÄSETELLER?
Beides

WOVON WERDEN SIE IM DSCHUNGEL SATT?
Von allem, was bei drei nicht auf dem Baum ist.

simontress 3h

ROSE BIOMANUFAKTUR-BIOHOTEL-BIOR...

Shooting mit der tollen Anna 😍. Meine neue beste Freundin 😍

Nachricht senden

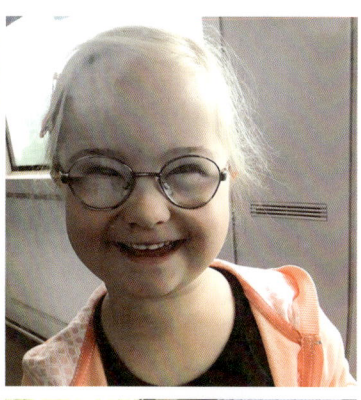

INDEX

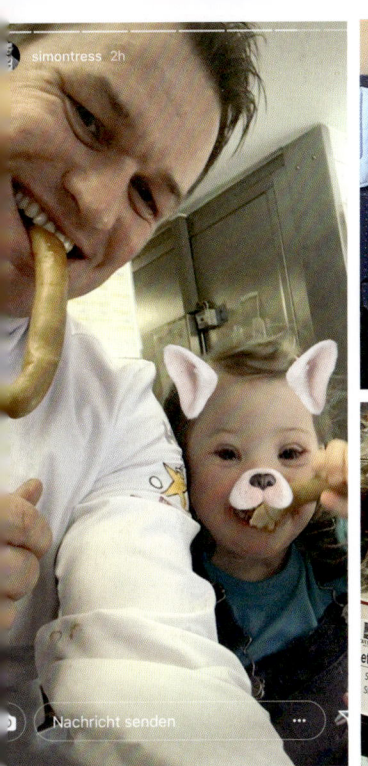

Nachricht senden

Ein Leben ohne Kuchen ist möglich aber Sinnlos

Kochen mit Liebe!

Danke lieber Benjamin mit dir war das Kochen am allerschönsten!

#46PLUSDANKT

*Viele Menschen waren an der Herstellung unseres Kochbuches beteiligt,
ihnen allen gebührt unser größter Dank.*

Ganz besonders danken möchten wir

UNSEREN FAMILIEN

*für Eure bedingungslose Liebe, Eure endlose Unterstützung und Eure fortwährende Ermutigung.
Ihr habt uns geholfen, Berge zu versetzen.*

ALLEN PROMINENTEN KÖCHINNEN UND KÖCHEN

*für Eure Zeit und Muße, um in diesem besonderen Buch mitzuwirken. Mit Eurer ganz persönlichen
Zutat konntet Ihr zum großartigen Gelingen eines bunten Potpourris aus fröhlichen Bildern
und leckeren Gerichten beitragen. Ganz selbstverständlich habt Ihr uns großzügig Eure Küche
zur Verfügung gestellt, um Euch mit Euren großen und kleinen Sous Chefs zum gemeinsamen Kochen
und Backen zu treffen. Mit einer Prise Humor habt Ihr in kürzester Zeit das Eis zum Schmelzen gebracht,
wir alle hatten sichtlich Spaß beim gemeinsamen Zubereiten vor der Kamera.*

ALLEN KLEINEN UND GROSSEN NACHWUCHSKÖCHEN

*für den Spaß und die riesige Freude, die Ihr uns und Euren großen Idolen
bei den Koch- und Backevents jedes Mal bereitet habt, wenn Ihr die Küchen gerockt habt.
Ein extra Dankeschön auch an Eure Familien, die Euch begleitet
und teilweise sehr weite Wege auf sich genommen haben.*

ALEXANDER HEINEMANN

*für Deine fantastischen Koch- und Köchin-Illustrationen,
die uns jedes Mal ein Lächeln ins Gesicht gezaubert haben.*

DAVID NEUFELD

*für Deine Geduld, Deine Tipps und wertvollen Ratschläge.
Und dass Du unser Selbstvertrauen gepusht hast,
unser Buch voller Stolz zu veröffentlichen.*

GERTRUD BÄUERLE

*für Deinen unermüdlichen Einsatz und Enthusiasmus
beim Kochen, Backen und Aufräumen und
Dein kreatives Auge beim Food-Styling.*

MARCEL BÄNECKE

*für die perfekte Vorbereitung und Begleitung. Jeder sollte so einen Assistenten
an seiner Seite haben – oder ein fleißiges Heinzelmännchen.*

MARTIN WENK

*für Deine genialen Texte, für Deinen Feinschliff und
für Deine konstruktive Kritik. Du bist unser Genie.*

HERRN RIEGER

*vom DB-Reisezentrum, der es wahrlich nicht leicht mit uns und
unseren wilden Buchungen quer durch Deutschland, Schweiz und Österreich hatte.*

SV SALAMANDER KORNWESTHEIM 1894 e.V.

*für das Ausleihen seines Vereinsbusses,
was uns so einige vergnügliche Fahrten beschert hat.*

DER DUDEN-HOTLINE

*die mit der Bestätigung unserer korrekten Auslegung der Apostroph-Regelung in der 27. Auflage
des Dudens, D16 Punkt 2 unserer endlosen Genitiv-Diskussionen ein friedvolles Ende bereitet hat.*

*Wir danken allen Institutionen, Unternehmen und Einzelpersonen, die durch ihre finanzielle
Unterstützung dazu beigetragen haben, dass dieses Buchprojekt möglich wurde.*

Heidehof
Stiftung

Wir danken ganz besonders der Heidehof-Stiftung für die Stiftungsförderung.

*Und schließlich danken wir unserem #46pluskocht-Buch-Team, das dieses großartige und sehr umfangreiche
Projekt ausschließlich ehrenamtlich in unzähligen Stunden seiner Freizeit auf die Beine gestellt hat.*

46PLUS Down-Syndrom Stuttgart e.V.

46PLUS DOWN-SYNDROM STUTTGART e. V.

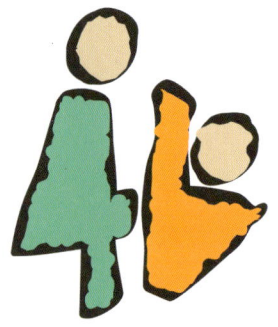

46PLUS DOWN-SYNDROM STUTTGART e.V. wurde im September 2003 mit der Zielsetzung gegründet, rund um das Down-Syndrom zu informieren und dadurch bestehende Vorurteile und Berührungsängste abzubauen. Außerdem möchte der Verein neu betroffenen Eltern Mut machen. Er unterstützt Familien dabei, dass ihre Kinder mit Down-Syndrom aktiv und selbstbestimmt am gesellschaftlichen Leben teilhaben können. Durch vielfältige Aktionen, wie Themenabende, Krabbel- und Spielgruppen, Sommerfeste, Teenie-Ausflüge oder eine regelmäßige Sportgruppe rundet 46PLUS sein Angebot für alle Altersgruppen ab. Mit Plakat- und Postkartenaktionen, Anzeigenserien, Wanderausstellungen und anderen Projekten zeigt 46PLUS den Menschen der Republik vor allem eines: Menschen mit Down-Syndrom stehen mitten im Leben und haben Spaß daran.
www.46plus.de

CONNY WENK ist selbständige Fotografin und Autorin und ist Gründungsmitglied von 46PLUS. Für ihren Einsatz für Menschen mit Down-Syndrom wurde ihr 2011 der „Moritz" verliehen. Bekannt wurde Conny Wenk durch die Buch-Serie „Außergewöhnlich", in der Kinder mit Down-Syndrom gemeinsam mit ihren Müttern, Vätern und Geschwistern porträtiert wurden. Conny Wenk hat zahlreiche weitere Bücher und Kalender veröffentlicht. In Kooperation mit dem Neufeld Verlag hat sie 2010 die Serie „A little extra" ins Leben gerufen, in der vor allem Kinder, Jugendliche und junge Erwachsene mit Down-Syndrom porträtiert werden. Bislang sind in dieser Serie 6 Bücher und 10 Kalender erschienen.
www.connywenk.com
www.alittleextra.de